LEAN-MOBBING

Ein Sanierungskonzept nach Kammerjägerart

mit Zeichnungen von *Pelc*

ISBN 3-89811-025-7

Der Tatort

Wir befinden uns in einem x-beliebigen Betrieb. Zur besseren Überschaubarkeit: in einem mittelständischen Unternehmen. Die Branche tut an sich nichts zur Sache. Sie ist für die Beobachtung unerheblich (was schon sehr bezeichnend ist). Falls es für die Vorstellungskraft erforderlich sein sollte, nehmen wir einfach an, wir sind in einem Unternehmen der Freizeitindustrie.

Die Rahmenbedingungen, die wir bei der HAU RUCK GmbH vorfinden, sind kurz beschrieben: Es handelt sich um ein Ladenbüro im zentral gelegenen Universitätsviertel einer norddeutschen Großstadt. Die aktuellen Beobachtungen beginnen kurz nach der deutschen Vereinigung mit den bekannten wirtschaftlichen Irritationen.

Wir hören in Aufführungen hinein, wie sie abseits von den schlagzeilenträchtigen Skandalen als tägliche Mobbing-"Kultur" inszeniert werden. Die Maßstäbe sind im Vergleich zu großindustriellen Strukturen überschaubar, ja fast familiär.

Moderne Erkenntnisse erfolgreicher Unternehmensführung durch Motivation und "Quality Management" blühen in der Praxis offensichtlich nur in Tagungs- und Seminar-Reservaten, wo sich zahlreiche Eroberer der Teppichetagen eher als Spesenjäger einfinden. Dort wollen sie sich meist nicht als Wissenssammler verstehen.

So kann es kaum verblüffen, daß wir in unserem täglichen Leben eine Realsatire erleben können, die sich ein Witzbold kaum ausdenken kann. Die Handlungen und Personen in diesem Buch sind zwar – wie es so schön heißt – frei erfunden, sie basieren jedoch auf tatsächlichen Erfahrungen, die lediglich verkürzt und dadurch bisweilen überspitzt wurden, um dem Charakter des Buches gerecht werden zu können. Die Äußerungen der beschriebenen Hauptakteure sind zum großen Teil authentisch.

Diese nicht besonders originelle und qualifizierte Art von Unternehmensführung läßt sich deshalb so leicht darstellen, da sie kein Einzelfall ist. Es kann sogar passieren, daß viele glauben, ihr eigener Betrieb könnte hier beschrieben sein.

Insofern sind Ähnlichkeiten mit der Wirklichkeit kaum auszuschließen!

Günther Petzer

ist Mittfünfziger und der Drahtzieher des Triumvirats. Er hat die seltene Fähigkeit, mit vielen Worten nichts zu sagen. Sollte jemand – was in zivilisierten Kreisen schon mal vorkommen kann – seinen Worten doch etwas Konkretes entnommen und sich auf sein Wort verlassen haben, versteht er es stets, entweder den Sinn völlig zu verdrehen oder kategorisch zu bestreiten, jemals etwas derartiges gesagt, geschweige denn etwas zugesagt zu haben.

Daß Petzer dieses Talent nicht brachliegen lassen sollte, mußte ihm nie zweimal gesagt werden. Petzer mischte überall gerne mit und kletterte so auch zielstrebig die Karriereleiter eines Hintertreppenpolitikers empor. Seine Ambitionen beschränkten sich allerdings auf die Kommunalpolitik.

Petzer ist der Typ von Zeitgenosse, der ohne Publikum, ohne als Mittelpunkt bemerkt zu werden, ganz schnell verwelkt.

Was macht nun so ein armer Mensch (dem alle zuhören, über dessen Scherze alle lachen und froh sein sollen, in seiner Nähe sein zu dürfen), wenn man ihn ernst nimmt? Wenn er an Zusagen erinnert wird? Wenn er tatsächlich einmal (nicht irgendeine folgenneutrale politische) Verantwortung übernehmen soll? Petzer hat damit keine Probleme. Petzer ist erfolgreicher Autodidakt in Sachen Aussitzen, übler

Nachrede, Rollenspiel (insbesondere das täuschend echte Simulieren von körperlichen Gebrechen) und ist im Selbststudium ausgebildeter Vulgärkommunist mit dem Leitmotto "Was mein ist, ist mein! Was Dein ist, ist mein!"

Petzer bedient sich zur Unterstreichung seiner Wichtigkeit auch eines Namenszusatzes: "GM" ("Großer Meister"), womit er sich gerne anreden läßt, was er jedoch (siehe oben) bestreitet.

Der GM Petzer wurde in einer Zeit Chef der HAU RUCK GmbH, als es genügte, einen Raum zu haben, der durch ein Schaufenster und eine Ladentür von der Straße getrennt war, und schon rannten einem die Kunden die Bude ein. Er brauchte sich eigentlich gar nicht den Kopf darüber zu zerbrechen, wie ein solches Unternehmen auch schwierigere Zeiten überstehen könnte. Petzer tat es aber doch und holte sich die besten, die er aus seiner Branche kannte, in sein Unternehmen. Skrupel über seine – wie sich noch herausstellen wird – leeren Versprechungen kannte er ja nicht. Woher auch?

"Rosi" Schnackbacke war einmal Nachtwächter, ist um die Sechzig, Frührentner und eine Art Faktotum von Günther Petzer. Schnackbacke wurde von Petzer auf kommunalpolitischer Ebene entdeckt. Schnackbacke war von Petzer von Anfang an beeindruckt, weil dieser nicht nur vollständige Sätze sprechen konnte, sondern auch so kabarettreife Ausdrücke für die verschiedenen Bevölkerungsgruppen benutzte (z.B. "Mumien" oder "Krückstockgeschwader" für Altenheimbewohner oder "Sozialwachteln" für Politikerinnen oder "Beschäler" für Ehemänner und Partner weiblicher Angestellter). Begeistert durch diesen sprühenden Witz heftete sich Schnackbacke an Petzers Fersen. Er fühlte sich davon, daß er ständig in Petzers Nähe sein durfte, so aufgewertet, daß er gegenüber Petzers Personal als zweiter Geschäftsführer der HAU RUCK GmbH auftrat.

Mit seinem Vornamen "Rosi" hat es folgende Bewandtnis: Schnackbackes Aufgabe in dem als gemeinsames Eigentum betrachteten Unternehmen bestand darin, täglich dem GM Petzer zur Verfügung zu stehen. Insbesondere hatte er darauf zu achten, daß das Personal nicht lacht, daß Petzer und er immer gefüllte Gläser Korn auf dem Schreibtisch hatten und daß auf dem Firmenparkplatz keine Kunden-

PKWs abgestellt werden. Ferner hatte er Petzers lustige Geschichten über den wirtschaftlichen Niedergang von Geschäftspartnern, Phantasien zum Intimleben der Angestellten und die Unfähigkeit von Steuerberatern und Rechtsanwälten anzuhören. Er fühlte sich auch berufen, sich selbst solche Geschichten auszudenken. Insbesondere oblag es ihm aber, für die Verbreitung und gerüchtweise Streuung unter dem Siegel der Verschwiegenheit zu sorgen.

Diese verantwortungsvollen, Zwerchfell und Leber belastenden Aufgaben mußten dem auf diese Weise in den Chefzirkel aufgenommenen Schnackbacke selbstverständlich honoriert werden. Da er aber bis zur Erreichung seiner Altersrente seinen richtigen Vornamen gar nicht kannte (er unterlag wohl der ärztlichen Schweigepflicht), quittierte er den Empfang seiner Geschäftsführerbezüge gewöhnlich mit "Rosi". Hin und wieder auch mit anderen geistreich ausgedachten Namen wie "Herr Niemand" o.ä.

Uwe Looser
ist mit Anfang Dreißig der jüng-
ste unter den drei professionel-
len Überfliegern. Eine Laune
des Schicksals hat ihn vom Bü-
roboten zum Assistenten des Bosses eines Finanzimperiums
befördert. Der schickte ihn los, nach lukrativen Firmen-
beteiligungen zu suchen. Bei Petzer rannte Looser sofort
offene Türen ein, da Petzer seinerseits immer neue Themen
für seine Meetings mit Schnackbacke suchte. Loosers Fähigkeit, mit einem Handy zu telefonieren, faszinierte Petzer
enorm. Auf diese Weise konnte Looser doch Schnackbacke
bei der Firmenparkplatz-Überwachung tatkräftig unterstüt-
zen, ohne auf die telefonische Erreichbarkeit verzichten zu
müssen. Looser demonstrierte es immer wieder gern, indem er sich in die Toreinfahrt zum Parkplatz lümmelte und
mit der einen Hand das Handy ans Ohr hielt, während er
mit der anderen den Inhalt seiner modisch ausgebeulten
Hosentasche untersuchte. Petzer sah sich am Ziel seiner
Wünsche und beschloß, mit Looser zum Notar zu gehen.
Looser übernahm 50% der Firmenanteile und wurde dafür
zum weiteren Geschäftsführer berufen. Auch Looser war am
Ziel seiner Wünsche: Vor wenigen Wochen noch Bürobote
– und jetzt Firmenchef.

Der Schönheitsfehler, daß Loosers Finanzmogul mit den
Geldern seiner Anleger und Sparer auf und davon ist, und
er selbst keinen Pfennig für die Firmenanteile einzahlen wollte
und konnte, störte die drei nur wenig.

Looser war schnell in die Geschäftsführung integriert, der Tagesablauf in groben Zügen abgesteckt und beschlossen. Looser entwickelte zur Erheiterung von Petzer und Schnackbacke sogar Ideen, wie man den übrigen Gesellschaftern durch erfundene Aufträge Umsatzzuwächse vorgaukelt. Daß diese erfundenen Aufträge nicht ausgeführt werden konnten, lag eben an der Unfähigkeit des Personals. Das war ganz nach dem Geschmack von Petzer und Schnackbacke. Jetzt hatten sie doch auch gegenüber den Gesellschaftern eine geniale Handhabe, sich von Mitarbeitern zu trennen, die sie bei ihrer Geschäftsführung nur störten. Und sechs bis sieben (bisweilen sogar bis zu zwölf) Mitarbeiter können drei Geschäftsführer da ganz schön nerven!
Looser nützte seine Zeit, in der Petzer und Schnackbacke allein sein wollten (was hin und wieder vorkam), indem er zwei weitere Firmen, die er mit dem Phantomgeld seines flüchtigen Finanzganoven aufgekauft hatte, zielstrebig in den Bankrott führte. Diese Firmen wurden z.B. mit Rechnungen und Kosten belastet, die dort gar nicht hingehörten, aber das Unternehmen seiner neuen "Kollegen" entlasteten. Die Freundschaft zu Petzer und Schnackbacke vertiefte sich, da Looser ihnen vormachte, wie man sich kostengünstig von lästigem Personal trennt. Durch Bankrott.

Die Aufgabe

Die drei hochqualifizierten Manager sind auf den vorausgegangenen Seiten kurz vorgestellt worden. Nun gilt es, die Aufgabe zu beschreiben, die zu bewältigen war:

Die HAU RUCK GmbH existiert seit etwa 20 Jahren, florierte und wuchs jahrelang wie von selbst, bis...
...bis es dem Großen Meister Petzer mit Fleiß und Ausdauer endlich gelungen war, die Rate der Personalfluktuation auf eine durchschnittliche Verweildauer von 4,5 Monaten in seiner Firma einzupendeln.

Das ständige Kommen und Gehen von immer neuen Mitarbeitern erzeugte nicht nur viele gute Gelegenheiten, ganze Heerscharen von Schuldigen am Niedergang der Firma vorweisen zu können, sondern rechtfertigte auch, die schwere Bürde der Firmenleitung auf die Schultern zweier weiterer Komplizen verteilen zu können. Koste es, was es wolle. Und das tat es auch!

Die Ausgangsbasis war klar: Die Umsätze befanden sich im Zustand des freien Falles, die Gewinne eigentlich auch (für Lieferanten: "nur ein vorübergehender Liquiditätsengpaß"), Begriffe wie Kalkulation, Planung, Budgetierung (was ist das denn?) oder Marktanalysen waren in ihren Augen Ballast, der die Arbeit nur stört. Daß die Kunden ausblieben, lag an der Ölkrise in den 70er Jahren und natürlich am Personal. Es mußte endlich etwas passieren.

"Schnackbacke, hol' uns mal 'ne neue Flasche, die Luft ist heute so trocken! Dann wollen wir weitersehen...", so oder so ähnlich begannen die drei Helden ihre wöchentlichen Sitzungen. Schließlich mußte ja endlich etwas passieren.

Die Montagssitzungen

Schicksalstunden einer
sanierungsbedürftigen Firma.
Nachhaltig auf den folgenden
Seiten inszeniert von
bemerkenswerten Profis.

Wir hören nun in 52 Wochen hinein und erfahren, wie
sich die drei ausgebufften Profis über ein blühendes Unternehmen hermachen... und mit welchem Erfolg sie ihr
Konzept in die Tat umsetzen.

(Regieanweisung: **Die Beiträge von Petzer sind fett
hervorgehoben,** Die Laute von Schnackbacke erschei-
nen in normaler Schrift *und Loosers Äußerungen sind
kursiv wiedergegeben.*)

4.Januar
Meine Herren, wie geht's?
Der Familienstreß ist endlich überstanden.
Haben Sie schon das Neueste von unserem Personal gehört...
Nein, was denn?
...der Vater vom Wiener ist Heiligabend gestorben.
Hahahahahaha... Ach hören Sie auf! Solche Scherze auf nüchternen Magen! Darauf trinken wir erst mal einen!
Prost, Kollegen!
Prost!
Rülps, oh Verzeihung!
Hahahahaha... Na, Sie sind ja heute wieder gut drauf!
Machen Sie mal die Tür zu. Da steht ein Kunde im Laden, der will mich schon seit vor Weihnachten sprechen. Soll er doch einen Termin machen!
Hahahahaha... Das wäre ja noch schöner!
Die Melan hat ja wieder Ringe unter den Augen, die hat wohl wieder ein heißes Wochenende hinter sich...
Ja, und jetzt pennt sie sich auf unsere Kosten hier aus!
Hahahahaha...
Aber sagen Sie was, dann rennen die doch gleich zum Arzt und kommen mit dem gelben Urlaubsschein!
Mein Glas ist leer. Holen Sie doch mal 'ne neue Flasche!
Lassen Sie die Tür offen, wenn der aufdringliche Kunde weg ist. – Da hat doch wer gelacht! – Die werden doch für Arbeit und nicht für Lachen bezahlt! – Stellen Sie mal fest, was da so lustig ist!
Ihr aufdringlicher Kunde ist noch immer da!
Da sind Sie ja wieder. Und? Worüber lachen die?
Die Melan hat mit ihren dicken Augenringen eben einen Umsatz von 12 Tausend Mark gemacht...
Mein Gott, sind die leicht zu erheitern! Die benehmen sich wie im Kindergarten!
Das Jahr fängt mal wieder gut an! Ich sehe schwarz!
Prost, Kollegen!

Damit ist das erste Chef-Meeting des neuen Jahres beendet, die Weichen für eine arbeitsreiche Woche sind gestellt. Sie wissen, jetzt ist ihre ganze Kraft als Firmenleitung gefordert. Die mit ihren Leitungs- und Kontrollfunktionen verbundene Verantwortung nehmen sie sehr ernst. Um sich gegenseitig zu entlasten, hat man sich längst auf eine sinnvolle Aufgabenteilung geeinigt: **Petzer ist der Chef**, Schnackbacke erfüllt die Wünsche des Chefs als Mann fürs Grobe *und Looser darf seine Chefqualitäten dadurch unter Beweis stellen, daß er grundsätzlich zustimmt, egal ob er begriffen hat, worum es geht, oder nicht.*

11. Januar

Guten Morgen, Kollegen! Wie geht's?

Meine Frau kommt heute Abend zurück...

Sie Ärmster, wo war sie denn?

Auf einem Seminar...

Was machen denn Frauen auf einem Seminar? Meine Frau kann auch ohne Seminar...

Hier hat uns wieder so ein Rechtsverdreher geschrieben.

Soll ich ihm antworten?

Ja, er soll das mal alles seinem Psychiater erzählen.

Hahahahaha... Sie sind ja heute wieder so kreativ!

Psychiater finde ich auch gelungen!

Was gibt's Neues?

Wir haben nichts! Haben Sie was?

Der Beschäler von der Friedrich hat angerufen. Seine Alte ist krank.

Hat bestimmt zuviel gesoffen und 'ne heiße Nacht gehabt!

Bringt er den gelben Urlaubsschein vorbei?

Hab' ich jetzt nicht gefragt.

Aber Herr Kollege! Na, kann ja mal vorkommen. Wird zur Geheimsache erklärt. Trinken Sie noch einen!...

Ach, bevor ich es vergesse: Unser Frühstücksbaron Paulsen hat an den letzten Gesellschafterbeschluß erinnert. Wir sollen ein Sanierungskonzept vorlegen.

Was für Nieren?

Hahahahahaha... Der redet auch viel, wenn der Tag lang ist.

Hat der keine anderen Sorgen?

Was sollen wir denn noch alles machen?

Der Steuerberater will die Nachkalkulation sehen.

Welche Nachkalkulation? Wir wären froh, wenn wir überhaupt eine Kalkulation hätten!

Kennen Sie einen guten Steuerberater? Der Engels geht mir schon lange auf den Sack. Der meckert mir zu viel! Darauf können wir verzichten!

Kaum hat das neue Jahr begonnen, werden die drei schon auf eine harte Bewährungsprobe gestellt. Die Gesellschafter und der Steuerberater machen sich ernsthafte Sorgen um das wirtschaftliche Wohlergehen der HAU RUCK GmbH. Sie übersehen allerdings, daß das Schicksal der Firma in den Händen von drei Fachleuten liegt, die davon überzeugt sind, alleine zu wissen, wie ein Unternehmen erfolgreich geführt wird. Hinweise, Ratschläge oder gar Kritik werden als freche Einmischung empört zurückgewiesen. Gesellschafter sind in ihren Augen geldgierige Faulpelze, die die Früchte der Arbeit anderer Leute ernten wollen. Und der Steuerberater bekommt das von ihnen verdiente Geld dafür, daß er seine Arbeit macht und sich nicht in Dinge einmischt, von denen er nichts versteht.

<u>18. Januar</u>

Schönes Wochenende gehabt?

Wie man's nimmt...

Wieso, was ist denn los?

Ich bin fix und fertig. Ich hab' die ganze Nacht kaum ein Auge zubekommen. Schluchz. Mein Meerschweinchen ist - schluchz - am Sonnabend eingegangen - Huhuhuhu...

Ach, Schnackbacke, darüber kommen Sie sicher weg!

Ich vielleicht. Aber meine Frau nicht. Sie hing doch auch so an dem Tier. Es war wie ein Familienmitglied. Sie hat sich erst mal krankschreiben lassen müssen.

Das können wir verstehen.

Da werden wir Ihnen erst mal einen Seelentröster einhelfen.

Ich hol' schon mal die Flasche.

Prost!

Kopf hoch, Schnackbacke!

Danke, Kollege Petzer! Danke, Kollege Looser! Solche Freunde wie Sie bauen einen wenigstens wieder auf.

Wollen Sie Ihrer Frau nicht ein neues Meerschweinchen besorgen?

Damit kommt sie schneller über ihren Verlust weg!

Meinen Sie wirklich? Kommen Sie denn ohne mich zurecht?

Ne, wir kommen natürlich mit!

Wir lassen Sie doch nicht allein!

Das rechne ich Ihnen hoch an, meine Herren! Können wir denn gleich los?

Sicher!

Gut, ich gehe nur noch eben auf den Topf...

– – –

Der Schnackbacke ist auch gestraft mit seiner Alten!

Ja! Wie kann man sich wegen so einem Vieh so anstellen?

– – –

Hier bin ich wieder!

Na, dann nichts wie los!

Die Betroffenheit über das Schicksal eines unschuldigen Haustieres beweist, daß auch hartgesottene Manager durchaus in der Lage sind, menschliche Regungen zu zeigen. Und man erkennt, welchen fast übermenschlichen Belastungen sie oft ausgesetzt sind, wenn sie trotz eigener seelischer Probleme stets die Belange ihrer Unternehmen im Auge behalten müssen. Sie üben geradezu eine Vorbildfunktion aus. Welcher einfache Angestellte kann mit gutem Gewissen für sich behaupten, ein vergleichbares Mitgefühl für Schicksalschläge seines Chefs zu zeigen?

<u>25. Januar</u>

Meine Herren, ich brauche jetzt erst mal einen Schnaps! Schnackbacke, sind Sie mal so nett?

Was ist denn passiert, Kollege Petzer?

Der Wiener will mit mir seit drei Jahren über sein Gehalt reden! Mir reicht's langsam!

Seit drei Jahren? Ganz schön penetrant der Kerl!

Hier kommt der Schnaps! Hab' ich was verpaßt?

Stellen Sie sich vor, der Wiener nervt jetzt schon seit drei Jahren wegen seinem Gehalt!

Ja, das kenne ich! Das hat schon angefangen, bevor wir Sie als Verstärkung bekommen haben, Kollege Looser!

Was macht der eigentlich?

Hobby! Der macht hier nur Hobby! Oder, Großer Meister?

Unsere Kataloge macht er. Malt Männchen und macht unsere Kataloge.

Dazu gehört doch nicht viel! Die mach' ich mit links mit!

Stimmung! Sie haben wieder die besten Ideen, Kollege Looser! Trinken Sie einen!

Hat da nicht gerade Ihr Handy gepiept?

Looser.– Jetzt nicht! – Wir sind gerade in einer wichtigen Besprechung! - Wenden Sie sich bitte an meine Angestellten!

Wer war denn das?

Ach, so ein blöder Kunde, der mich wegen einem Angebot nervt. Der glaubt wohl auch, daß ich nichts besseres zu tun habe...

Richtig! Lassen Sie sich nichts bieten!

Übernehmen Sie das, dem Wiener zu eröffnen, daß er nichts mehr mit unseren Katalogen zu tun hat? Oder soll ich ihm Bescheid sagen?

Hahahahaha... Sie sind gut, Sie müssen noch einiges lernen, Kollege Looser! Wieso Bescheid sagen? Das merkt der Kerl noch früh genug. Den machen wir auf dem ganz coolen Weg überflüssig!

Damit wären wir uns wieder einig meine Herren! Prost...

Viele Manager sind einer fast nicht zu bewältigenden Belastung dadurch ausgesetzt, daß sie sich ständig mit mehre-
ren Problemen gleichzeitig konfrontiert sehen. Hier mit küh-
lem Kopf Prioritäten setzen zu müssen, stößt nur bei Geschäftspartnern auf Unverständnis, auf die man sowieso verzichten kann.

1. Februar

Guten Morgen, meine Herren! Na, wie schön, daß wir wieder einen Grund zum Feiern haben!

Zum Feiern?

Ja! Die Römer, die alte Schnapsdrossel, hat gekündigt!

Seeeekt!

Hihihihihi... Das wurde aber auch Zeit. Gottseidank sind wir die endlich los. Wie die immer rumgelaufen ist...

Man muß ja schließlich auch ein bißchen was fürs Auge haben, wenn man hier schon seine Zeit absitzt. Oder?

Hat die denn einen Grund angegeben?

Grund? Schnackbacke, Sie werden doch auf Ihre alten Tage nicht sentimental werden? Die hat endlich eingesehen, daß wir hier nicht dazu da sind, ihre Miete zu zahlen!

War das nicht die, die sich letztes Jahr beschwert hat, sie kann am Telefon kaum was verstehen, weil der Drucker so laut ist? Und 'ne Schallschluckhaube haben wollte?

Sie vergessen wohl auch nichts! Alle Achtung!

Und Sie haben ihr dann gesagt, für das Geld würden Sie lieber mit uns gepflegt essen gehen!

Hahahahaha... Ja, ist doch wahr!

Man hat schon sein Kreuz mit dem Personal. Die kennen nur ihre Rechte, von Pflichten haben die doch noch nie was gehört...

Aber dazu sind wir ja schließlich da! Wir lassen uns nicht auf der Nase rumtanzen. Die können froh sein, daß sie hier einen warmen, trockenen Arbeitsplatz haben und daß es hier nicht durchregnet. Zuhause wohnen die im Kohlenkasten und hier stellen sie Ansprüche...

Wie Sie das wieder ausgedrückt haben! Zum Mitschreiben!

Na, ist doch wahr!

Schnackbacke, die Luft ist hier so trocken! Finden Sie nicht auch?

Pfffrzzzzz...

Im Laufe des hier beschriebenen Geschäftsjahres wird das Phänomen eines ungewöhnlich hohen Alkoholkonsums im Chefzirkel unseres Musterbetriebes auffallen. Es scheint sich um eine Art Vorbeugungsmaßnahme zu handeln, die auch in vielen anderen Bereichen nicht ungewöhnlich ist. Fehlleistungen die im Zustand der Unzurechnungsfähigkeit begangen werden, finden in der Regel milde Richter. Daß unsere Firmenlenker diese Regel auch für sich nutzen möchten, ist leicht nachvollziehbar.

8. Februar

Looser, was ist los? Sie lassen ja den Kopf so hängen...

Sollen wir jemanden rausschmeißen? Oder was können wir sonst tun, damit Sie wieder lachen können?

Mein Steuerberater ist verhaftet worden.

Das ist doch kein Grund zum Traurigsein! Im Zweifel gehört der sowieso zum politischen Gegner. Oder, was meinen Sie, Kollege Schnackbacke?

Was hat er denn angestellt?

Der Geldgeber für meine beiden anderen Firmen hat sich doch ins Ausland abgesetzt. Und jetzt glaubt der Staatsanwalt, daß der Steuerberater was damit zu tun hat!

Man kann sich auch auf niemanden mehr verlassen!

Und was hat das mit Ihnen zu tun?

Ich wollte ihm die Belege von der Flip- und der Flop GmbH vom letzten Jahr hinbringen. Da war das Büro versiegelt.

Da trifft Sie doch aber keine Schuld!

Das nicht. Aber diese Zeitverschwendung! Ich bin völlig umsonst dahin gefahren...

Das kann ich nachfühlen!

Wie ich Sie kenne, haben Sie seine alten Rechnungen doch wohl noch nicht bezahlt! Oder, Sie Schlitzohr?

Natürlich nicht!

Das wäre ja noch schöner! Einem Kriminellen auch noch Geld hinterherwerfen!

Schnackbacke, Sie dürfen das alles nicht so verbissen sehen.

Nein! Warum nicht?

Hat es da nicht eben an die Tür geklopft? Sehen Sie mal nach, Kollege Schnackbacke.

Der Wiener steht vor der Tür.

Was will er?

Weiß ich nicht!

Der sieht doch, daß wir in einer wichtigen Besprechung sind! Lassen Sie ihn stehen.

Der kann da stehen, bis er schwarz wird... Hihihihihi...

Eine Entscheidung jagt die nächste. Bereits ein kurzer Aus-
schnitt aus dem gestreßten Managerleben macht deutlich,
mit welchen Hindernissen Entscheidungsträger moderner
Unternehmen zu kämpfen haben. Wem können Sie da
noch trauen, wenn sie damit rechnen müssen, daß ihre
Steuerberater vom rechten Weg abkommen? Wer nimmt
ihnen die Verantwortung dafür ab, rechtzeitig zu erkennen,
welche Rechnungen gefahrlos unbezahlt bleiben können?
Warum müssen Angestellte ihre Chefs ständig dabei stören, wenn diese sich in wichtigen Beratungen für ihre Firma aufopfern?

15. Februar

Wo bleibt denn Schnackbacke? Haben Sie ihn schon gesehen, Kollege Petzer?

Ne. Dann fangen wir eben ohne ihn an!

Ich brauche Ihre Unterstützung! Der Wiener hat gemerkt, daß ich ihn mit meinen Werbeideen überflüssig mache.

Na und? Die Kellerassel wird das schon noch schnallen, was wir von ihm halten!

Aber er hat meine fertigen Drucksachen auf seinem Schreibtisch liegen und alles mögliche rot angestrichen.

Fühlt der sich jetzt als Steißtrommler oder was?

Ein richtiges Charakterschwein ist der. Ich mache seine Arbeit so nebenher, wofür der die ganzen Jahre ein volles Gehalt kassiert hat.

Da können Sie jetzt wohl nachfühlen, wie der mich fast zwanzig Jahre ausgenutzt hat... Was hat der Beknackte denn alles angestrichen? Zeigen Sie mal her!

Nur Tippfehler! In der Hektik...

Na ja, Peking ist ja eigentlich nicht die Hauptstadt von Sibirien und Kunden schreibt man nicht mit "h" und unsere Telefonnummer lautet auch ein bißchen anders und... was heißt das hier?

Äh... (Fkuvaslchsager...) Verkaufsschlager!

Also wirklich! Was bildet der Kerl sich eigentlich ein?! Ein bißchen Mitdenken kann man vom Kunden ja wohl verlangen!

Ja, und wenn man bedenkt, daß ich das alles noch neben meinen Geschäftsführeraufgaben erledige!

Eben! Lassen Sie sich was einfallen, wie wir die Kellerassel billig loswerden können!

Ich habe mir schon ein Buch besorgt: "Kündigungsschreiben - professionell gestaltet". War im Angebot.

Ich sehe schon, wir verstehen uns! Seeeekt!

Hab ich was verpaßt? – Mein Wagen ist stehen geblieben. Scheißelektronik...

Da gibt es doch tatsächlich Mitarbeiter, die nicht davor zurückschrecken, Fehlern ihrer Chefs hinterher zu schnüffeln! Daß auf diese Weise beleidigte Vorgesetzte – schon im Interesse des Betriebsfriedens – gezwungen sind, sich zu wehren, liegt auf der Hand. Daß sie dabei zum modernen Mittel des Mobbings greifen, beweist nur, daß sie gegenüber allem Neuen aufgeschlossen sind.

<u>22. Februar</u>

Na, was grinsen Sie denn heute so verschmitzt?

Das müssen Sie lesen, Kollege Looser. Ein Vorschlag, den unser Gesellschafter Pickel mit unserem Steuerberater Engels ausgeheckt hat...

Soll ich schon mal den Schnaps holen?

Da steht ja, wir sollen den Wiener zum weiteren Geschäftsführer machen...

Ja, lesen Sie doch weiter!

Kann ich auch mal erfahren, worum es geht?

Wir machen den Wiener zum Geschäftsführer. Und dann schmeißen wir ihn raus. Er hat ja dann keinen Kündigungsschutz...

Hahahahahah*ahahaha...*

Und wenn er nicht darauf reinfällt?

Dann kündigen wir ihm trotzdem...

...wegen Arbeitsverweigerung...

...oder Unfähigkeit...

...nein, weil er kopfkrank sein muß, wenn er so eine Beförderung ablehnt!

Das ist gut!

Ich kenne doch den obersten Boss vom Präsidium! Den frag ich auch mal, was der dazu sagt.

Wen kennen Sie eigentlich nicht?

Er ist ja nicht umsonst unser Großer Meister!

Ich ruf ihn gleich mal an.

Oh ja, das interessiert mich auch!

...Petzer hier. Guten Tag. Kann ich mal den Herrn und Meister haben? – Sitzung? Aha! Wir auch – Es ist sehr wichtig! – Na, Sie haben doch sicher einen heißen Tip, wann ich es noch mal versuchen kann! – Wiederhören.

Na?

In 14 Tagen, meint sein Vorzimmerdrachen.

Und das bedeutet?

Wir trinken erst mal einen!

Da eine ganze Reihe von gesetzlichen Vorschriften die Ent-faltungsmöglichkeiten unserer Firmenlenker erheblich be-schränken, sind sie geradezu gezwungen, Mittel und Wege zu suchen, wie solche Beschränkungen umgangen wer-den können. Dafür opfern sie ihre Zeit. Und niemand dankt es ihnen.

<u>1. März</u>
Am Sonnabend abend habe ich ihn erwischt!
Wen?
Wahrscheinlich die Kellerassel, oder?
Ja! Ich bin hierher gefahren, um mich umzuziehen... Na, Sie wissen schon wegen einer Verabredung...
Sie sind mir ja ein Schwerenöter!
Hihihihihi...
...und wen sehe ich hier?
Den Wiener?
Ja, genau den. An der EDV. Ich weiß nicht, was der da getrieben hat. Wahrscheinlich Akten rausgeschleppt!
Was ist denn das auf Ihrem Schreibtisch?
Bedrucktes Papier... Summen- und Salden-Listen, Monatsauswertungen, Kontenblätter... was weiß ich, was der Kerl mir hier alles hingepackt hat.
"Monatsauswertung Februar" hat er draufgeschrieben.
Ja, das packt er mir jeden Monat hierhin. Ich weiß nicht, was ich damit soll!
Ist der denn auch für unsere Buchhaltung zuständig?
Ja, das war ein Einfall von mir! Er fühlt sich doch als "Künstler". Haben Sie schon mal einen Künstler gesehen, dem man mit Buchhaltung eine Freude machen kann?
Das ist nur was für Ärmelschonertypen! Sagen Sie doch immer, Großer Meister!
Dann kochen wir ihn damit weich! Bis er endlich kündigt!
Sie haben es erfaßt!
Und schon wieder haben wir einen Grund zum Feiern!
Prost, Gemeinde!
Vielleicht haben Sie ja noch ein paar weitere Ideen. Sie kennen doch den alten Pfadfinderspruch: "...jeden Tag eine gute Tat"?
Ich war aber nicht bei den Pfadfindern!
Hahahahahaha...

Mit welchen Hinterhältigkeiten die Bosse gepiesackt werden, wird hier drastisch vorgeführt. Sie sind doch nicht dazu da, Buchhaltungsunterlagen zu sichten. Sollen sie sich denn um alles kümmern? Wo käme ein moderner Betrieb denn hin, wenn Angestellte nicht einmal an der Art der ihnen zugewiesenen Arbeit erkennen können, daß sie unerwünscht sind?

8. März

Ich hab meinen Freund gefragt. Der kennt einen, der sich mit so einer Anlage auskennt, wie wir sie haben!

Häh? Was für eine Anlage?

EDV-Anlage!

Ja und?

Von dem lasse ich mir zeigen, wie die funktioniert, und dann nehme ich auch das dem Wiener weg. Da gehört doch nicht viel dazu!

Ich könnte das nicht!

Schnackbacke, das verlangt ja keiner von Ihnen! Holen Sie schon mal unsere Medizin!

Sie meinen, den Schaps?

Gratuliere!

Hahahahahaha...

Wenn Sie sich dann mit der EDV auskennen, können wir jeden Abend, wenn der Mistkerl weg ist, die Histery oder History ausdrucken und sehen, was der den ganzen Tag so treibt.

Wie geht das denn?

Müssen Sie sich zeigen lassen. Von Ihrem Spezi...

Haben wir denn genug Papier?

Wenn es nicht reicht, schicken wir Schnackbacke los, einen Karton Papier zu kaufen. Für gute Werke muß immer Papier da sein!

Na, dann auf unser Wohl, meine Herren!

Wann treffen Sie denn Ihren EDV-Ayatolla?

Vielleicht am Wochenende.

Kann der nicht hierher kommen?

Sind Sie des Teufels?

Ich frag' ja nur...

Wir wollen den Wiener doch überraschen!

Wiener, die Kakerlake...

Hahahahaha...

Mit den modernen technischen Einrichtungen will die Firmenleitung den Angestellten nicht nur die Arbeit erleichtern. Eigentlich hört man doch allerorten, daß so eine EDV-Anlage das faule Pack ersetzen soll. Niemand hat den drei ehrenwerten Herren der HAU RUCK GmbH allerdings gesagt, wie man das macht. Nun plagen sie sich redlich, überhaupt festzustellen, was die EDV-Anlage leisten kann, um wenigstens ihre arbeitsscheuen Angestellten zu überwachen. Bei der Anschaffung ist Günther Petzer davon ausgegangen, "man drückt auf einen Knopf" – alles andere macht die EDV ganz automatisch und von selbst. Er fühlt sich betrogen.Wie gut, daß Uwe Looser ein Fachmann ist...

Was schwitzen Sie denn so, Kollege Looser?

Das ist die History vom letzten Freitag!

Der ganze Karton? Sie Ärmster!

Was kann man denn in dieser History sehen?

Da ist alles aufgelistet, wann und wie lange wer welche Prozeduren aufgerufen hat. Hier zum Beispiel die Prozedur DFG028 ist um 11:29 Uhr aufgerufen worden und um 11:36 Uhr beendet worden oder die DBA986 ist um 11:45 Uhr angefangen und um 11:46 Uhr beendet worden...

Und was bedeutet das?

Weiß der Bekannte von meinem Freund auch nicht...

Müssen wir den Wiener fragen, der hat ja schließlich die Programme geschrieben...

Hahahahaha...

Jetzt ist das Papier aber alle.

Ist doch gut. Dann kann der Wiener wenigstens nichts ausdrucken!

Ich will aber heute Abend wieder eine History rausfahren lassen...

Ich hab' schon verstanden, Kollege Looser! Ich fahr' gleich los und besorge Ihnen einen neuen Karton. Ist genug Geld in der Kasse?

Wir sind doch keine Hellseher!

Ich frag mal. - - -

Die Friedrich sagt, sie hat das Geld gerade dem Gerichtsvollzieher geben müssen!

Waaas?

Soll ich Ihnen was leihen?

Nein, ich lege es solange aus.

Das ziehen wir der Friedrich vom nächsten Gehalt ab!

Oder noch besser dem Wiener, der verursacht ja schließlich die Kosten!

Hahahahaha... Prost, Sie haben es erfaßt!

Unvorhersehbare Sachzwänge machen es den drei Häupt-
lingen immer wieder deutlich, daß sie jede gewissenhafte
Planung vergessen können. Sie müßten schon mit den Ga-
ben regelrechter Hellseher gesegnet sein. Woher sollen sie
denn wissen, wie lange ein Karton Endlospapier reicht. Zwei
Tage? Oder etwa nur einen Tag? Mengenrabatte räumen
Lieferanten doch nur ein, um möglichst schnell an das Geld
der drei Vorstandsvorsitzenden zu kommen! Und wie soll
"Rosi" Schnackbacke an sein Kilometergeld kommen,
wenn raffgierige Lieferanten seine Einkaufsfahrten überflüssig machen?

22. März

Kollege Looser, haben Sie gesehen, wer da gerade auf den Kundenparkplatz gefahren ist?

Ne, ich seh' mal eben nach.

Nicht nötig ich hab' das Kennzeichen schon notiert.

So gefällt mir das, Kollege Schnackbacke. Ich geb' die Nummer mal eben dem Hausverwalter durch.

Soll ich schon mal unsere Morgenmedizin holen?

Häääh?

Na, die Flasche...

Ach so.

Gute Idee, Kollege Schnackbacke!

... Morgen, Herr Raffke. Petzer hier. Na wie geht's? Das ist ja hervorragend! Ich hab' hier wieder so einen Fremdparker auf unseren Stellplätzen, den Ihr Anwalt abmahnen kann. Selbstverständlich auf Kosten meiner Firma – wie immer! Herr Raffke, hahaha. Wir hören wieder...

Wir haben keinen Schnaps mehr!

Dann müssen wir neuen holen!

Ich fahre heute nachmittag sowieso zur Metro und besorge Sekt, Schnaps, Kaffee und was wir so alles für die Gästebewirtung brauchen...

Was ist denn da im Verkaufsraum los?

Ich höre nichts.

Ich auch nicht.

Ja eben. Schlafen die wieder alle auf unsere Kosten?

Ich seh' mal nach.

Sie sind ja ein ganz schöner Antreiber, Kollege Petzer! Aber Sie haben recht. Man müßte ständig mit der Peitsche hinter den Leuten stehen, sonst tun die ja nichts.

In Indonesien arbeiten die Leute für 60 Mark im Monat und am Abend fragen die noch höflich, ob sie schon nach Hause gehen dürfen...

Ich glaube, die schreiben Rechnungen oder irgendsowas...

Leitungs- und Kontrollfunktionen fordern von den Verant-
wortlichen fast schon übermenschlichen Einsatz...

29. März

Der Wiener scheint sich zu langweilen. Der sitzt an seinem Schreibtisch und schmiert Papier voll.

Na, wenn die Kellerassel sich langweilt, dann wollen wir ihn mal wieder ärgern!

Haben Sie eine Idee?

Hahahaha, Sie sind ja ganz schön genußsüchtig?

Das kann einem bei Ihnen leicht passieren, Großer Meister!

Er ist zwar unser EDV-Leiter, aber mir paßt das schon lange nicht, daß der die Mastersecurity zu unserer EDV-Anlage hat. Das sollten wir ändern.

Da versteh' ich nichts davon.

Aber wir, Kollege Schnackbacke!

Wir sollten noch so lange warten, bis er das Umsatz-Kosten-Programm fertig hat, auf das der Engels wartet. Am Donnerstag, sehen wir ja vielleicht die erste Auswertung...

Bis dahin habe ich den Freund von meinem Bekannten aktiviert, der die Kellerassel dann aus dem EDV-System rausschmeißt.

Hahahahaha... Bei Ihnen gefällt es mir. Da tut sich wenigstens dauernd was!

Kollege Schnackbacke, was halten Sie von einem edlen Tropfen?

Aber immer!

Und? Wo bleibt die Flasche?

Wen meinen Sie denn jetzt schon wieder mit "Flasche"?

Hahahahaha...

Meine Frau meint zwar, ich sollte mit dem Schnaps etwas vorsichtiger sein...

...aber wir stehen schließlich nicht unter dem Pantoffel von unseren Frauen! Oder?

Hahahahaha, das wäre ja noch schöner!

Nur ihrem unternehmerischen Weitblick ist es zu verdanken, daß sie nie das Wesentliche aus dem Auge verlieren. Sie setzen sich ständig einem fast unerträglichen Streß aus, indem sie ununterbrochen nach innovativen Ideen suchen. Ihre Angestellten sollen darauf vertrauen können, daß man bei ihnen vor keiner Überraschung sicher sein kann!

<u>5. April</u>

Hat Ihr EDV-Spezialist schon etwas für uns tun können?

So einfach scheint das nicht zu sein...

Sagen Sie ihm, daß wir – äääh – notfalls dafür zahlen...

Ich dachte eigentlich, wir ziehen das dem Wiener vom Gehalt ab!

Hahahahahaha...

Hahahahahaha... Schnackbacke, Sie scheinen heute wieder gut drauf zu sein!

Ja, ich hab' auch wieder eine Nummer für Sie aufgeschrieben!

Hääh? Was für eine Nummer?

Vom Kundenparkplatz! Von einem Fremdparker!

Da sollten wir in Zukunft etwas vorsichtiger sein!

Auf einmal so sozial? Das lassen Sie aber nicht unseren Ortsvorsitzenden hören!

Hahahahahaha...

Nein, neulich hat ein alter Stammkunde, der auf dem Kundenparkplatz seinen Wagen abgestellt hatte, von den Hausanwälten eine Abmahnung bekommen. Jetzt sind wir ihn als Kunden los. Er hat uns einen Pöbelbrief geschrieben...

Was? einen Pöbelbrief? Dann geschieht ihm das auch recht! Ich meine das mit der Abmahnung.

Na, wenn Sie das so sehen, haben Sie eigentlich recht!

Das ist doch wieder ein Grund zum Feiern!

Ich hol' schon mal die Flasche...

Wir dürfen nicht aus dem Auge verlieren, dem Wiener die Mastersecurity zu sperren!

Ich bleib' am Ball! Versprochen!

Prost, Gemeinde!

Auf unser Wohl!

Hahahahahaha...

Verantwortungsvoll wird wieder eine Woche vorbereitet. Mit Weitblick werden auch einmal eigene Entscheidungen einer kritischen Prüfung unterzogen. Es ist jedoch nicht überliefert, daß es Entscheidungen gibt, die sie revidieren mußten. (Das taten später andere!) Sie wissen worauf es ankommt. Das bestätigen sie sich gern und oft gegenseitig bei ihren intensiven, ausgiebigen und doch so wichtigen Zusammenkünften.

<u>13. April</u>
Hier, das habe ich vom Osterbuffet von unserem Ortsverein eingepackt.

Oh, das sieht aber gut aus, Schnackbacke!

Guten Morgen, meine Herren! Oh, was ist das? Von Ostern übriggeblieben?

Nein, gerettet. Unser Ortsverein hat einen Empfang...

...Moment, es hat geklopft – Was gibt's denn?

Guten Morgen. Entschuldigen Sie bitte die Störung. Ich wollte noch einmal um einen Gesprächstermin bitten...

Machen Sie, daß Sie rauskommen! Sie sehen doch, daß wir mitten in einer wichtigen Besprechung sind!

Haben Sie es noch immer nicht geschnallt, daß wir Gespräche mit Ihnen für überflüssig halten, Wiener?

Das ist ja wohl unglaublich, mit was für einer Frechheit der hier reingeschneit kommt!

Und haben Sie gesehen, wie gierig der auf unsere kalte Platte hier geglotzt hat?

Das wollen wir mal sehen, wer hier die besseren Nerven hat!

Was bildet sich diese Kellerassel eigentlich ein?!

Ich brauche jetzt einen Schnaps!

Ich auch!

Ist der so blöd oder will der uns mit seiner Penetranz auf Zinne bringen?

Ich kann mir schon vorstellen, wer dahintersteckt.

Wer denn?

Seine unbefriedigte Alte wird ihm schon in den Ohren liegen, daß er zuwenig Geld nach Hause bringt!

Na, die wird so ein Besen sein!

Die hat die Hosen an, das kann ich Ihnen aber flüstern!

Und Haare auf den Zähnen! Sie kennen die ja nicht, Kollege Looser. Seien Sie froh!

Darauf lege ich auch keinen Wert.

Das Schlimmste, womit sich Bosse herumschlagen müssen, sind renitente, unsensible und freche Angestellte. Sie sind es, die jede soziale Regung bei den Führungsverantwortlichen im Keime ersticken. Wer den Bannkreis der Autorität verletzt, muß sich nicht wundern, daß private Probleme von Angestellten bei den Chefs nur noch zur Erheiterung durchgehechelt werden.

<u>19. April</u>
Da fährt schon wieder ein Wagen auf den Parkplatz...
Wer notiert die Nummer?
Den können wir leider nicht aufschreiben, das ist unser Gesellschafter Paulsen. Verstecken Sie mal lieber die Flasche!
Ja, macht einen besseren Eindruck...
Da treffe ich ja die Richtigen! Guten Morgen, meine Herren. Ich wollte von Ihnen hören, wie weit das Sanierungskonzept für die Gesellschafterversammlung ist.
Ich gehe mal den Vorplatz fegen...
Der Kollege Looser ist kräftig dabei! Wie weit sind Sie denn, Herr Looser?
Ich muß mich noch durch die Auswertungslisten durcharbeiten...
Welche Auswertungslisten?
Der Wiener hat uns hier jede Menge Papier bedruckt...
Kann ich die mal sehen?
Ich hab' sie nicht. Wissen Sie wo die sind, Herr Petzer?
Ich? Wieso ich?
Na, ich dachte...
Aber, lieber Looser, wir hatten uns doch geeinigt, daß Sie...
Meine Herren, ich habe nicht so viel Zeit. Sagen Sie mir Bescheid, wenn Sie sich geeinigt haben. Es kann ja nicht so schwer sein, die Listen notfalls noch einmal auszudrucken. Ich komme morgen wieder rein. Bis dann...
Na, Gottseidank! Dieser Frühstücksbaron kann einem ganz schön auf die Nerven gehen. Aber sagen Sie, wo sind denn die Listen?
– – –
Ich wollte das vor dem Paulsen nicht sagen: Die haben Sie Schnackbacke zum Wegwerfen gegeben.
Dafür werde ich dann sicher meine Gründe gehabt haben...

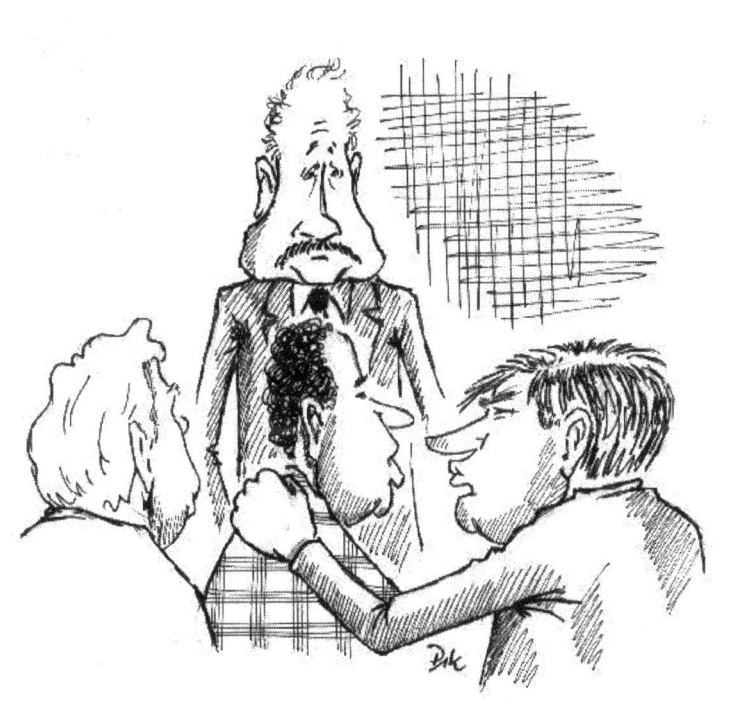

Unverständlicherweise kommt es immer wieder vor, daß sich Gesellschafter der HAU RUCK GmbH dafür interessieren, wie es um die Firma steht. Petzer, Looser und Schnackbacke empfinden solche Nachfragen als ungehörig. Ihre Führungsqualitäten sind schließlich über jeden Zweifel erhaben, wie sie sich täglich gegenseitig versichern. Es ist reine Selbstverteidigung, sich davor zu schützen, daß für die "Frühstücksbarone" am Ende des Geschäftsjahres Gewinne übrigbleiben, für die nur sie alleine gearbeitet haben!

<u>26. April</u>

Guten Morgen, Kollegen!

Sie strahlen ja so. Was ist denn passiert?

Ist Ihre Frau wieder verreist?

Nein. Raten Sie mal, warum die Kellerassel heute so frustriert aus der Wäsche guckt!

Der guckt doch immer so...

...Ja, den haben wir sicher bald geschafft, den Affen...

Er kann nicht mehr in die EDV! Ich war mit meinem Bekannten am Wochenende hier und dann haben wir sein Masterpaßwort geknackt. Jetzt war er die längste Zeit EDV-Leiter...

Sie sind ja ein Alleskönner, Kollege Looser! Da geb' ich einen aus! Schackba...

...ich hol' schon die Flasche, Großer Meister!

Hahahaha*hahahaha...*

Hier, meine Herren, kommt unsere Medizin. Ich hab' eben bei dem Wiener reingeschaut. Also frustriert guckt der nicht! Ich würde sagen, der guckt frech und aufsässig.

Was treibt er denn? Hat er noch gar nicht gemerkt, daß er nicht mehr in die EDV reinkommt?

Weiß ich nicht. Er sortiert irgendwelche Blätter. Und sein Computer ist an...

Waaaas?

Das kann gar nicht sein! Das ist unmöglich. Dann hat er ein anderes oder unser Paßwort geknackt. Und dafür können wir ihn rausschmeißen...

Mal langsam, Kollege Looser. Sind Sie sicher, daß Ihr Bekannter...

Hundertprozentig!

Na, dann werden wir mal unsere Rechtsverdreher fragen. Wozu haben wir die denn?

Können Sie in den Listen, die Sie abends ausdrucken, nicht sehen, wie der Kerl in unsere EDV reingekommen ist?

Gute Idee...

Ich frag' meinen Bekannten mal, wie das sein kann...

Auf der Nase lassen sich die drei Vorstände nicht herumtanzen! Es wäre ja noch schöner! Jeder Angestellte ist für sie ein Abschußkandidat. Und ganz besonders solche, die noch nicht gemerkt haben, daß sie bereits auf ihrer Abschußliste stehen. Mit dieser Unternehmenskultur beweisen sie ihre ausgeprägte Selbstlosigkeit: Sie lassen sich weder durch Qualifikation noch Firmenzugehörigkeit oder Leistungsbereitschaft von Angestellten blenden. Sie setzen ihre vertraulichen Beschlüsse gegen solche Hinterhältigkeiten durch. Auf sie kann man sich verlassen. Sie haben es nicht nötig, ihre Entscheidungen den Betroffenen mitzuteilen.

<u>3. Mai</u>

Na, Kollege Looser, wie stehen die Aktien? Was sagt Ihr EDV-Meister? Wie ist die Ratte in unsere EDV reingekommen?

Wir haben vergessen, die Buchhaltung zu sperren. Er war nur im Buchhaltungsprogramm drin.

Ach so. Das ist ja gut so. Mit der Buchhaltung ärgern wir ihn doch sowieso...

Das ist ja noch mal gut gegangen! Wir wollen ihm doch keinen Grund liefern, die Buchhaltung nicht mehr machen zu können.

Das finde ich auch. Das habe ich von meinem Bekannten deshalb auch so machen lassen...

Na na na, haben wir nicht eben was von "vergessen" gehört? Hahahaha...

Legen Sie doch nicht jedes Wort auf die Goldwaage, Kollege Petzer!

Unserem Großen Meister entgeht eben nichts! Ich finde, Sie sind heute mal dran, einen auszugeben, Kollege Looser. Hahahaha...

OK. Was möchten Sie trinken?

Seeeekt!

Psssst! Nicht so laut. Ich glaube, unser Gesellschafter Paulsen ist gerade auf den Hof gefahren...

Guten Morgen, meine Herren. Gut, daß ich Sie alle drei hier treffe! Was machen die Listen und das Sanierungskonzept für die Gesellschafterversammlung?

Herr Paulsen, wir haben großen Ärger mit Wiener.

Wieso?

Er ist renitent, sitzt hier nur dumm rum...

Und was hat das mit dem Konzept zu tun?

Er stiehlt uns die Zeit, die wir für das Konzept benötigen!

Meine Herren, das interessiert uns Gesellschafter herzlich wenig! Meine Geduld ist auch ziemlich am Ende!

Wir kümmern uns darum. Großes Ehrenwort!

Bahnbrechend sind die originellen Einfälle der drei Firmenlenker: Wer vertraut schon einem Mitarbeiter, den man raus-
ekeln will, die Buchhaltung der Firma an? Sie tun es, weil
sie davon überzeugt sind, ihn damit so zu ärgern, daß er
selbst kündigt. Ihr Wunsch nach höherer Fluktuation soll
erfüllt werden!

<u>10. Mai</u>

**Sie werden es nicht für möglich halten, was ich mir von
dieser linken Socke alles zumuten lassen muß...**

Von Wiener?

Ja. Eben gibt mir der Postbote dieses Einschreiben.

Hat er gekündigt?

**Schön wär's! Lesen Sie mal selber. Da fällt Ihnen nichts
mehr ein!**

Brauche ich gar nicht zu lesen. Einen Brief zu schreiben, ist
doch für sich gesehen schon eine Unverschämtheit...

*...Der entblödet sich tatsächlich nicht, zu schreiben, trotz
mehrfacher Bitten (!) hätten wir jedes Gespräch mit ihm ver-
weigert. Wir hätten ihm ohne Vorankündigung und ohne An-
gabe von Gründen seine Zuständigkeitsbereiche für Werbung
und EDV weggenommen... Und müsse deshalb auf diesem
Wege um ein Gespräch bitten...*

Da glaubt man doch, man ist im Kino!

Da kommt der jeden Tag hierher, sieht, daß wir zusehen
müssen, überhaupt über die Runden zu kommen. Und er
hat die Frechheit, einen Brief zu schreiben!

Per Einschreiben!

Das nenne ich abgebrüht!

**Aber das ist bestimmt nicht auf seinem Mist gewach-
sen. Das hat ihm seine Alte geschrieben. Die Kellerassel ist doch viel zu blöde für so juristische Formulierun-
gen...**

Ja, das stimmt. Das kann der gar nicht.

Und was machen wir jetzt?

Gar nichts!

Sollen wir ihn nicht rausschmeißen?

**Haben Sie nicht gelesen? Er schreibt doch, es wäre fai-
rer, ihm zu kündigen als zu versuchen, ihn auf kaltem
Wege rauszuekeln... Der spekuliert auf eine Abfindung!**

So ein Schwein! Der schreckt vor nichts zurück!

Eben!

Die skandalöseste Form, die Herren zu schockieren, ist die Schriftform! Wenn ihnen die übelsten Zeitgenossen (für sie erwiesenermaßen ihre Angestellten) schriftliche Mitteilungen übermitteln, bedeutet dies für sie den Entzug ihres alleinigen Rechts, den Inhalt von Mitteilungen vorzuschreiben, zu interpretieren und nach Bedarf zu ändern. Es bedeutet den gröbsten Verstoß gegen die Betriebsordnung, die nur sie festzulegen berechtigt sind. Wenn sich renitente Angestellte schriftlich verewigen möchten, haben sie dies in Form von Notizen zu tun, auf denen gut leserlich vermerkt ist, wer, wann und warum versucht hat, einen von ihnen telefonisch zu erreichen.

<u>17. Mai</u>

Sagen Sie mal, Kollege Looser, unser Bewährungshelfer Engels fragt bescheiden an, wann wir mit Ihrer Stammeinlage rechnen können.

Dazu ist mir am Wochende eine geniale Idee gekommen!

Oh, wieder kreativ gewesen? Ist Ihre Frau verreist?

Äaah, nein. Aber was halten Sie davon: Der Wiener kostet uns doch eine Menge Geld...

Wem sagen Sie das?

Lass' ihn doch mal ausreden, Kollege Schnackbacke!

Wir schmeißen die Kellerassel raus, in zwei Jahren haben wir 200.000,- Mark inklusive Lohnnebenkosten gespart. Und das entspricht genau meinem Gesellschaftsanteil...

Häh? Das verstehe ich nicht.

Ganz einfach: Meine Idee für die Sanierung ist 200.000,- Mark wert.

Wenn das alle Gesellschafter so machen würden...

...Sie meinen also, Sie liefern der GmbH eine kostenlose Sanierungsidee, mit der wir alle Sorgen los sind?

Nein. Nicht kostenlos. Ich zahle damit meinen GmbH-Anteil im Gegenwert von 200.000,- Mark ein.

Ich verstehe davon ja nichts...

Darüber muß ich erst mit Engels sprechen, ob das geht.

Das geht! Mein ehemaliger Partner, der sich ins Ausland abgesetzt hat, hat seine Firmen nur so finanziert. Die Flip- und die Flop GmbH auch. Ich hab bei Flip meinen Anteil sogar mit einem ungedeckten Scheck eingezahlt und mir den Gegenwert in bar aus der Kasse geholt! Hahahaha.

Und warum hat er sich dann ins Ausland abgesetzt?

Klingt irgendwie genial.

Soll ich schon mal die Kündigung schreiben?

Hahahaha. Sie gehen ja ran! Lassen Sie uns darüber erst mal nachdenken.

Dazu paßt doch ein geistiges Getränk, oder?

Kollege Schnackbacke, Sie haben es erfaßt!

Geistig beflügelt durch enthemmende Getränke überschreiten sie so manche Grenze. Dabei nehmen sie das harte Los auf sich, ihre rauchenden Köpfe, verwirrt durch das aufreibende Nachdenken über das Schicksal der durch sie verkörperten Firma, immer wieder löschen zu müssen. Den Lohn für ihre Aufopferung erhalten sie immer wieder durch originelle Ideen zur wundersamen Geldvermehrung...

24. Mai

Haben Sie mit dem Steuerberater inzwischen gesprochen, Kollege Petzer?

Worüber denn?

Über mein Sanierungskonzept:

Ach so! Ihre schlitzohrige Idee, wie wir zwei Fliegen mit einer Klappe erschlagen.

Haben Sie?

Engels hat steuerliche Bedenken. Und der Wiener wird wohl eine dicke Abfindung haben wollen, wenn wir ihm kündigen.

Man muß doch renitentes Pack rausschmeißen dürfen! Wo sind wir denn? Haben wir hier denn schon Kommunismus?

Kollege Schnackbacke, das sind unsere Gesetze!

Ich habe bei meiner letzten Arbeitsstelle ein Buch über Arbeitsrecht mitgehen lassen. Da lese ich mal nach, was wir da machen können.

Das ist gut. Wie gut, daß wir Sie haben, Kollege Looser! Was gibt's sonst Neues?

Sollen wir mal wieder eine Anzeige machen?

Das ist nicht schlecht. Ich brauche wieder Kilometergeld. Wo soll ich die Anzeige hinbringen?

Schnackbacke, wir müssen doch erst überlegen, was für eine Anzeige. Holen Sie schon mal den Schnaps.

Im Prinzip ist es egal, was für eine Anzeige wir schalten. Es kommt doch nur darauf an, die Kellerassel zu provozieren. Vielleicht rastet er endlich aus uns gibt uns einen Kündigungsgrund.

Oh ja, er findet ja die Anzeigenrechnung in seiner Buchhaltung. Schnippeln Sie doch irgendeine alte Anzeige aus. Schnackbacke kann sie dann gleich wegbringen.

Hahahaha...

Hier kommt der Schnaps! Hab' ich was verpaßt?

Hahahaha... Trinken Sie einen! Gleich können Sie was für Ihr Kilometergeld tun.

Tausend Dinge zur gleichen Zeit erledigen: Diese Kunst soll ihnen erst einmal jemand nachmachen! Über die Regierung schimpfen, Steuerprobleme wälzen, Kapitalbeschaffung bedenken, Personalprobleme lösen, Marketingfragen abschlägig erörtern, Getränkebestände auffüllen etc., bewältigen sie in unnachahmlicher Fertigkeit. So mancher Stammtisch wünschte sich solche Mitglieder. Aber dafür haben sie leider keine Zeit.

31. Mai

Also. Es gibt einen Trick, wie wir die Kellerassel billig los werden können!

Nein! Erzählen Sie, Kollege Looser!

Wir lagern von unserem Personal ein, zwei Leute in die Flip- oder in die Flop GmbH aus. Bei weniger als 5 Angestellten hat der Wiener keinen Kündigungsschutz mehr und kann sich seine 20 Jahre Betriebszugehörigkeit in die Haare schmieren. Wir kündigen ihm einfach...

Genial! Wo lernt man solche Tricks?

Ich hab' ihnen doch von dem Buch erzählt...

Das ist guuut! Der soll bloß nicht glauben, nur weil er die Firma mit aufgebaut hat, hat er irgendwelche Privilegien!

Und der Steuerberater Engels kann uns dann gleich...

Ach, bei dem hat mich das übrigens eine Menge Überredungskunst gekostet, daß er seine Meinung ändert. Der hat mir doch mal glatt ins Gesicht gesagt, meine Firma könnte zwar ohne mich, aber nicht ohne den Wiener existieren!

Was soll das denn heißen?

Er hat dann schließlich eingesehen, daß ich im Recht bin. Wer zahlt schließlich seine Rechnungen!?...

Hahaha*hahaha...*

Das Schlimme an der Sache ist nur, daß wir der Kellerassel indirekt trotzdem eine Abfindung zahlen...

Wieso?

Na, der geht doch zum Arbeitsamt und zieht Alu. Die Stütze, die die ganzen Berufsarbeitslosen abgreifen, zahlen wir doch wir Unternehmer unseren Beiträgen!

Und das nicht zu knapp. Die wollen doch gar nicht arbeiten! Die liegen faul in der Sonne. Und wir finanzieren das arbeitsscheue Pack noch...

Kollege Schnackbacke, gießen Sie uns mal einen ein...

Schnackbacke fegt aus lauter Freude über eine erfolgreich absolvierte Vorstandssitzung den Vorplatz des Ladenlokals. Ein bißchen Bewegung nach dem gemeinsamen Genuß einiger Schnäpschen tut ihm ab und zu ganz gut.

7. Juni

Kollege Schnackbacke, holen Sie erst mal die Flasche. Die werden wir brauchen, wenn ich Ihnen erzähle, was die Ratte wieder losgelassen hat...

Erzählen Sie schon...

Moment! Warten Sie, bis ich wieder da bin, Kollege Petzer.

In Ordnung.

So. Kann losgehen. Was hat der Wiener angestellt?

Ich brauche erst einen Schluck!

Spannen Sie uns doch nicht so lange auf die Folter!

Am Sonnabend war das hier in der Post...

Ein Anwaltschreiben?

Ja hier, lesen Sie!

Das ist ja wohl der Gipfel! Jetzt reicht es doch aber! Was steht denn drin?

"...Herr Wiener hat mich gebeten... unnötige Emotionen vermeiden... ein Gespräch... verhärtete Fronten sachlich zu diskutieren... einvernehmlich... blablabla..." Das lassen wir uns doch nicht bieten.

Das ist ja beleidigend!

Das ist der Dank, daß ich diese linke Socke 20 Jahre durchgefüttert habe...

Soll ich nicht endlich die Kündigung schreiben?

Ich bin dafür!

Ich auch. Kollege Looser, Sie können es immer so gut formulieren. Sie haben doch ein schlaues Buch, damit wir keinen Fehler machen...

Ja, wenn Sie mich nicht hätten!

Am liebsten würde ich zu ihm hingegen und ihm eine reinhauen.

Hahahahaha

Kollege Schnackbacke, wir werden uns doch nicht die Hände schmutzig machen...

Auch wieder wahr. Aber am liebsten würde ich...

Hahahaha

Es bleibt ihnen nichts erspart: Die Entsorgung eines unliebsamen Angestellten wird in unverschämter Art und Weise gestört. Die Rausekelmasche hat nicht gezogen. Der renitente Angestellte hat sich doch glatt einen Rechtsbeistand besorgt. Die Konsequenzen hat er selbst zu tragen! Jetzt wird gekündigt. Koste es was es wolle! Hauptsache sie müssen nicht bezahlen. Warum macht man ihnen so mutwillig das Leben schwer? Wie sollen sie da ihre aufreibenden Leitungs- und Kontrollfunktionen noch bewältigen?

<u>14. Juni</u>
*Herr Schnackbacke, guten Morgen. Wissen Sie, wo heute
unser Großer Meister bleibt?*
Nee. Mit mir redet ja keiner. Vielleicht ist er ja zur Metro, weil
wir keinen Kaffee mehr haben.
*Komisch. Morgen ist doch die Gesellschafterversammlung.
Und ich weiß nicht, wo die Listen für das Sanierungskonzept
sind.*
Die hat sicher der Wiener versteckt. Soll ich mal gehen und
unauffällig gucken, was der treibt?
Oh ja.
– – –
Morgen Wiener.
Guten Morgen, Herr Schnackbacke.
Wo ist der Chef?
Tut mir leid, das kann ich Ihnen nicht sagen...
Das kann ich mir schon vorstellen. Sie kümmern sich ja auch
einen Dreck um das, was die Firma betrifft...
– – –
Und? Hat er die Listen?
Das hab' ich jetzt nicht gefragt. Ich war schon wieder be-
dient, wie desinteressiert der Kerl an seinem Schreibtisch
sitzt. Dem ist hier wohl alles scheißegal!
Und wenn er die Listen vielleicht doch weggenommen hat?
Welche Listen?
*Ach da fährt ja Kollege Petzer gerade auf den Hof. Der weiß
sicher, was wir tun sollen...*
**Morgen meine Herren! Haben Sie schon ohne mich an-
gefangen?**
Waren Sie bei der Metro? Der Kaffee ist alle...
Hääääh?
*Ich glaub', der Wiener hat unsere Listen verschwinden las-
sen...*
Welche Listen?

Die drei Herren bilden ein ideal eingespieltes Team. Einen kleinen Nachteil müssen sie allerdings dabei hinnehmen: Sobald der GM Günther Petzer nicht im Hause ist, verlieren Uwe Looser und "Rosi" Schnackbacke leicht die Orientierung.

21. Juni

Na was haben wir denn da Schönes?

Ich hab' die Kündigung für die Kellerassel geschrieben...

Seeekt! Hahahaha... Zeigen Sie mal her.

Wir haben keinen Kaffee mehr. Ich möchte bloß wissen, woher der Wiener den Kaffee hat. Der hat einen vollen Becher vor sich stehen...

Ach Kollege Schnackbacke, lassen Sie doch! Kollege Looser hat ihm die Kündigung geschrieben... Sagen Sie, Kollege Looser, ich dachte Sie haben das aus Ihrem schlauen Buch abgeschrieben...

Ja, warum?

Schmeißen Sie es weg. "Persohnen-" schreibt man ohne "h", "ferhalltens-" mit "v" und mit einem "l" und "betrippsbedingten Gründen" schreibt man mit "ieb"...

Gut, daß Sie noch mal nachlesen...

Das schreiben wir also noch mal neu. Einverstanden? Ansonsten ist das natürlich ganz pfiffig, alle Kündigungsgründe aufzuführen, die es gibt. Er soll ja schließlich was davon haben...

Können wir das schon feiern?

Aber klar doch! Wo bleiben die Gläser?

Ich hol' sie...

Haben Sie die Friedrich schon gefragt, ob sie pro forma für meine Flip- oder meine Flop-GmbH arbeiten würde? Sie wissen schon, damit der Wiener keinen Kündigungsschutz hat...

Warum sollte ich schlafende Hunde wecken? Das merkt die doch gar nicht, was auf ihrer Gehaltsabrechnung steht. Haben Sie gesehen, wie die wieder rumläuft...

OK, dann schreibe ich also die Kündigung neu...

Erst trinken wir einen auf unser Wohl!

Schnackbacke, Sie haben den Nagel auf den Kopf getroffen!

HahahahaHahahahah*Hahahahaha...*

Endlich haben die drei Brüder im Geiste ihre größte Leistung des Jahres geschafft: Sie haben die Vorlage eines Kündigungsschreibens (aus Loosers Buch "Personalführung leicht gemacht") für die Entsorgung eines störenden Angestellten übernommen. Nach einiger Übung wird es bald in korrekter Rechtschreibung auch abgeschickt werden können.

<u>28. Juni</u>
Ich hab' die...
**Hääääh? Guten Morgen, Herr Kollege Looser. Heute kann
Schnackbacke nicht kommen. Wir sind heute unter uns.**
*Ja, guten Morgen, Herr Kollege Petzer. Ich hab' die Kündi-
gung mitgebracht.*
Welche Kündigung?
Na, die Kündigung für den Wiener!
**Ach so! Hahahahaha... Wo soll ich unterschreiben? Der
Tag gelingt. Wen können wir denn heute noch ärgern?
Wen soll ich anrufen?**
Warum kann Schnackbacke nicht kommen?
**Ich soll es nicht weitersagen, hahahaha, er befürchtet,
es hat sich was gefangen. Letzte Woche beim Betriebs-
ausflug seiner alten Firma. Er ist zum Arzt, und seine
Frau darf das natürlich nicht erfahren...**
Der alte Schwerenöter. Hätte ich ihm gar nicht zugetraut...
(- - - das Telefon klingelt - - -)
**Ja, wer ist denn da? – Was? – Wer? – Sie haben ja wohl
mitbekommen, daß wir jetzt gerade eine wichtige Sitzung
haben! – Fragen Sie, worum es geht, und sagen Sie, ich
bin nicht da! – Nein, Herr Looser ist mit mir unterwegs!...
Unglaublich! Hier muß man sich ja wohl um alles selber
kümmern!**
Wer war das denn?
**Ach, der Paulsen, wollte uns wahrscheinlich wieder mit
seinem Sanierungskonzept auf die Nerven fallen. Ich
kann es mir doch nicht aus den Rippen schneiden! Kommen Sie, Kollege Looser, bevor der hier reingeschneit
kommt, fahren wir in die Stadt...**
Wohin denn?
**Egal. Unterwegs denken wir uns für den Spesenbeleg
einen aus, mit dem wir essen gegangen sind...**

Daß es in der Führungsetage trotz aller Belastung oft menschelt, wird von dem ahnungslosen Personal typischerweise ignoriert. Gerade in Momenten, in denen auch einmal persönliche Schicksale besprochen sein wollen, versuchen taktlose Angestellte völlig überflüssige Telefongespräche durchzustellen. Daß sie auf solche Boshaftigkeiten nicht mit Kündigungen antworten, beweist ihre Gutmütigkeit, die immer wieder schamlos ausgenutzt wird.

5. Juli

(Heute ist Petzer allein. Looser ist beim Friseur, um sich seine roten Flecken im Gesicht wegschminken zu lassen. Schnackbacke muß sich das Ergebnis seiner ärztlichen Untersuchung abholen).

Petzers Geschäftsführer-Tagewerk sieht heute so aus:

Rammel – **Morgen** – Raschel – Plumps – Taps taps taps – Glotz – **...hüstel hüstel** – Kämmen – Plätscher – Rammel – **Guten Morgen! – Kaffee? – Ach, können Sie mal zaubern? – Kommen Sie mal ganz schnell** – Plumps – **Nöhl – Na, wie geht's** – **...bla bla bla** – **...telefonanier** – **...hahahaha** – Glubsch Glotz – **Schwadronie Schwadrona – Ich geh' zur Bank** – Spiegel gucken – Kämmen – **...laber laber** – Rammel – Glotzen – Sortieren – **...telefonanier** – Blättern – **Dröhn – Schluck – Schlürf – ...hahahaha – ...brabbel brabbel** – Wichtig-tun-aber-wie – **Blök – Rülps – ...hahaha – ...es ist eine Frage der Zeit – ...lästige Konkurenz** – Telefon – **...na, der ist doch schon pleite und weiß es nur noch nicht – ...hahaha – ...bla bla bla** – Spiegel gucken – **Können Sie mir mal helfen?** – Gucken – Kämmen – Raschel – **Ich muß mal eben in die Stadt** – Rammel – Blätter – Taps taps taps – Rammel – Türen knallen – Splenter Pischer – Rausch – **Ich bin mal kurz beim Türken** – Rammel – Taps taps – **Ich kann mich nicht um alles kümmern!** – Zitter – Tölpel – Plumps – Glotz – Pups – Rammel – **...Schwadronie Schwadrona** – Dröhn – Wichtig-tun – **Schlürf** – Stolper – Rempel – Tatter – **...bla bla bla – Können Sie mal schnell kommen? – Haben Sie Geld in der Kasse? – ...laber laber – ...Firmengruppe – ...golfgeschädigt – ...wir Phantome unter uns** – Dröhn – **...laber – ...schwadronier – Ich geh' zur Bank** – Tölpel – Rammel – Schlürf – Spiegel gucken – Kämmen –**...hier ist der Bankauszug!** – Stolper – Rammel – Taps taps – **...ich muß jetzt nach Altona** – Glotz – Rammel – Taps taps – Zitter ab...

Schnackbacke, machen Sie mal die Tür zu! Es gibt neuen Ärger mit unserer Muppetshow...

Muppetshow ist gut! Wie kommen Sie immer auf solche passenden Namen für das Personal?

Hat die Kellerassel wieder was losgelassen?

Die Becker hat mich doch vor ein paar Wochen gefragt, warum ich ihr die Ausbildungsvergütung nicht nach dem vereinbarten Tarifvertrag bezahle...

Ja, sind denn hier alle verrückt geworden?

Der haben Sie es aber gegeben. Oder? Hahahaha...

Ach wissen Sie, die lernen in der Berufsschule nur ihre Rechte. Wenn es um Pflichten geht, feiern die krank oder haben ihre Tage...

Was die hier tut, ist doch sowieso nur Freizeitgestaltung. Wenn die einen Kerl hätte, der es ihr mal richtig...

Hahahaha, die kriegt doch keinen ab. Die ist frustriert...

Eben! Aber warum sollen wir dafür zahlen? Jetzt war sie wohl bei der Kammer. Die lädt uns zu einem Gütetermin vor. Ich nehme an, da steckt der Wiener dahinter. Die Becker ist doch selber zu doof.

Das kann ich mir auch nicht anders erklären. Das renitente Miststück ist auch die einzige, die den Wiener noch grüßt.

Vielleicht müssen wir es hier so machen wie ich mit meinen Leuten in der Flop-GmbH. Denen habe ich einfach verboten, mit dem Wiener zu sprechen...

Da hält sich doch keiner dran. Ich lasse mich doch nicht von einem Lehrling unter Druck setzen. Die wird schon sehen, was sie davon hat!

Was haben Sie vor?

Die kann den Rest ihrer Lehrzeit hinten im Lagerraum verbringen.

Aber nicht bei unseren Schnapsvorräten!

Wenn sie da dran geht, fliegt sie raus...

Hahahahaha...

Man glaubt, es hier mit einer verkehrten Welt zu tun zu haben. Jetzt wagen es schon Azubis, ihren Chefs Gespräche über ihre Ausbildung aufzunötigen. Wer schützt einen Unternehmer vor diesem unverfrorenen Klassenkampf? Da hilft nur konsequente Solidarität der Unternehmer!

<u>19. Juli</u>

Was ist denn los, Großer Meister?

Warum gucken Sie so böse?

Die Kündigungsklage von der Kellerassel ist heute in der Post.

Nein...!

Der hat doch keine Chance. Ist der denn ein Sadist?

Sie meinen Masochist?

Sicher. Hahahahaha... Ich verwechsele das immer...

Und was sollen wir jetzt tun?

Gar nichts. Wozu gibt es denn Anwälte. Die werden mit dieser Drohne schon fertig...

Hahahahaha -

Warum lachen Sie, Schnackbacke?

Drohne find' ich gut!

Mhm.

Und bei diesem Streß sollen wir uns ein Sanierungskonzept ausdenken?

Was?

Ich wünschte, ich wäre ein paar Jahre jünger; dann würde ich dem Wiener die Jacke vollhauen...

Wozu die Hände schmutzig machen? Der kriegt seine Quittung noch. Der verliert doch den Prozeß. Gegen uns drei hat der keine Chance! Oder Kollege Petzer?

Häääh?

Wir reden gerade über den Prozeßverlierer...

Können wir ihm nicht noch irgendwas anhängen? Ich meine, können wir ihn nicht verklagen?

Lassen Sie sich was einfallen.

Soll ich erst mal die Flasche Korn holen?

Hahahaha, Richtig! Wir lassen uns die Laune von so einem dahergelaufenen Flegel nicht verderben...

Ich muß jetzt zu einer Ausschußsitzung. Halten Sie die Stellung?

Für Sie tun wir alles! Hahahaha

Gemeinsam stehen sie alle Gemeinheiten durch, die ihnen das Angestelltenpack zumutet. Sie sind zum Erfolg verdammt. Da sie aber nicht so dürfen, wie sie in solchen Fällen wollen, bleibt ihnen bisweilen nichts anderes übrig, als ihre Fäuste heftig in ihren Hosentaschen zu ballen...

26. Juli
Heute ist nicht mein Tag...
Meiner auch nicht!
Kann ich auch mal erfahren, worum es geht?
Kollege Schnackbacke, seien Sie froh, daß Sie damit nichts zu tun haben...
Womit denn?
Herr Kollege, Sie hatten doch heute früh Überwachungsdienst "Kellerassel"?
Ja, er ist wie immer gekommen, hat blöde gegrüßt, Kaffee gekocht – die Kanne habe ich natürlich gleich hierher geholt – dann ist er an seinen Schreibtisch...
...und haben Sie das hier nicht gelesen?
Was denn?
Der Frühstücksbaron Paulsen will uns die Pistole auf die Brust setzen von wegen Sanierungskonzept, unser Steuerberater will die Belege für einen Zwischenstatus haben, fragt nach Ihrer ausstehenden Stammeinlage, die Bank will Unterlagen für die Kreditprolongierung... Liegt doch alles hier! Das haben Sie nicht gesehen?
Äääääh.Tut mir leid. Ääääh. Aber ich mußte doch verhindern, daß der Wiener mitbekommt, was ich hier lese...
Ich kaufe mir bei sowas die Bildzeitung und lege die Sachen, die andere nicht mitbekommen sollen, so zwischen die Seiten, daß ich immer schnell umblättern kann, wenn einer neugierig guckt...
Kollege Schnackbacke, fällt Ihnen nichts auf?
Nee, was denn?
Die Luft ist hier wieder verdächtig trocken! Hahahaha...
Entschuldigung! Ich gehe ja schon!
Und was sollen wir jetzt mit dem ganzen Kram machen?
Gar nichts. Haben Sie Zeit dafür? Ich hab' genug zu tun. Da müssen die schon warten...
Ohne uns können die sowieso nichts werden...
Sie haben es erfaßt! Hahahahaha...

Bei der Überwachung von verdächtigem Personal hat Looser geniale Einfälle. Er setzt sich vor Arbeitsbeginn ohne Licht in eine dunkle Ecke und merkt sich alles, wann jemand kommt und was er tut. Schnackbacke hat sich auch schon bereit erklärt, ein paar Überwachungsschichten zu übernehmen.

2. August

War nicht letzten Freitag der Gütetermin bei der Kammer?

Ach, das können Sie alles vergessen, Kollege Looser!

Erzählen Sie schon! Wie ist es gelaufen?

Ohne unsere Medizin erzähle ich gar nichts! Hahahaha...

Ich geh' ja schon, Sir... Für Sie auch, Kollege Looser?

Dumme Frage...

Also, bei der Handelskammer gibt es auch nur noch linke Socken! Die Becker saß da mit ihrem Alten...

Die ist doch nicht verheiratet?

Nein, hahahaha, mit ihrem Vater... Die Kammerwachtel, der Gewerkschaftsvertreter und der sogenannte Arbeitgebervertreter wollten mir doch einreden, daß wir im Unrecht sind, daß wir uns an den Ausbildungsvertrag halten müßten... Und, und, und...

Ja, wo sind wir denn? Zahlen wir da nicht Beiträge?

Und nicht zu knapp!

Aber Ihnen ist doch bestimmt was eingefallen, oder?

Hahahaha... Ich konnte denen natürlich nicht sagen, daß ich sowieso immer einen Schreibkrampf bekomme, wenn ich am Monatsende die Gehaltsüberweisungen unterschreiben soll...

Pfffrschtzz... Jetzt hahahahahätte ich mich beinahe verschluckt... hahaha... Das war ja wieder druckreif...

Hahahahaha... Prost, Kollegen!

Na, lange Rede – gar kein Sinn, ich habe denen gesagt, da bin ich wohl auf der falschen Veranstaltung. Ich zahle nur nach einem Urteil. Jetzt geht das eben vor's Arbeitsgericht...

Meinen Sie, die ist so abgebrüht und geht vor Gericht?

Solche Leute sind doch im Rechtsschutz. Aber wir können das anders regeln. In einem meiner Ausschüsse sitzt einer aus der Prüfungskommission...

Dann kann sie ihre Abschlußprüfung also vergessen?

Sie haben es erfaßt! Prost! Hahaha Hahaha*Hahaha...*

Es ist ein Wunder, daß Unternehmerpersönlichkeiten wie Petzer, Looser und Schnackbacke überhaupt noch bereit sind, Firmen zu leiten. Selbst offizielle Stellen behindern massiv ihre freie Entfaltung.

9. August

Engels kommt nächstes Wochenende...

Der Steuerberater?

Kennen Sie einen anderen Engels?

Was will der denn hier?

Spesen machen! Hahahahaha...

Diesmal will er etwas für Ihre GmbHs, Flip und Flop, tun, Kollege Looser. Sie wollten doch alle Verbindlichkeiten auf die Flip GmbH und alle Forderungen auf die Flop GmbH buchen lassen.

Ach so! Ja! Das hätte ich fast vergessen...

Kollege Looser, das kann aber sehr peinlich werden, wenn man sich – steht jemand vor der Tür?

Nein, die Luft ist rein...

...wenn man sich an einem Konkurs gesundstoßen will! Hahahaha...

Aber ich habe nichts vorbereitet!

Na und? Wir bezahlen ihn doch! Da soll er sich für unser Geld mal was einfallen lassen. Er soll auch ein paar Kosten aus der HAU RUCK GmbH auf die Flip GmbH drücken. Es soll sich ja für uns alle lohnen!

Ich verlasse mich da ganz auf Sie, Großer Meister!

Das kann man auch. Ich finde es schon gut, wie Sie das immer regeln!

Hat es da nicht eben an der Tür geklopft?

Ja, Frau Bach, was gibt's?

Ein Mitarbeiter der Firma Klotz möchte einen der Geschäftsführer sprechen...

Hääääh? Hat er einen Termin?

Ich frage ihn mal...

Das können Sie sich sparen! Wir haben keine Zeit. Sagen Sie Bescheid, wenn er wieder weg ist. Und machen Sie die Tür zu!

Hahahahaha**Hahahahaha**hahahahaha...

Sie sind der festen Überzeugung, daß sie mit ihrem Geld machen können, was sie wollen. Unwichtig und nebensächlich ist dabei, wo es herkommt und ob es überhaupt vorhanden ist.

16. August

Guten Morgen, meine Herren. Heute fällt unsere Besprechung aus. Herr Engels benötigt mein Büro! Sie können sich aber nützlich machen und ein Auge auf die Kellerassel werfen. Den Kuchen und den Sekt, den er zu seinem Geburtstag ausgibt, schaffen Sie bitte alles in mein Büro. Wir haben hier schließlich keine Kneipe. Und die Muppetshow soll arbeiten und nicht saufen!

Herr Petzer, können Sie mal eben kommen?

Herr Engels, für Sie tue ich doch alles, hahahaha...

Ich buche jetzt die Kostenübernahme durch die Flip GmbH – Sie wissen schon: Miete, Personal, Büroeinrichtung... – als außerordentliche Einnahmen, für den Fall, daß ein möglicher Konkursverwalter...

...Details will ich doch gar nicht wissen, lieber Herr Engels!

Aber hier: die Kredite, die Sie und Herr Looser sich vom Konto Stammkapital herausgezogen haben, können wir so nicht in den Büchern lassen!

Haben Sie mit Ihrer Spürnase doch gleich gemerkt! Hahahaha... Machen Sie einen Vorschlag.

Na, Ihr Herr Looser bedient sich von einem Konto, auf das er noch keinen Pfennig eingezahlt hat! Das wird uns bei einer Betriebsprüfung um die Ohren gehauen. Ich mache ja einiges mit, aber solche Manipulationen nicht.

Aber lieber Herr Engels. Ich will mich doch nicht mit Ihnen erzürnen. Sagen Sie, was ich tun soll, damit Sie keine Bauchschmerzen bekommen. Hahahahaha...

Ich bekomme keine Bauchschmerzen. Looser muß seine Stammeinlage einzahlen und das Konto Stammkapital muß ausgeglichen werden!

Da haben wir wohl ein Problem... Ein Schlückchen Sekt?

Herr Petzer, Sie machen sich das etwas zu leicht!

Reden wir gleich weiter. Ich muß mal nach meinen Kollegen sehen.

Den Steuerberater macht ein geschickter Geschäftsführer gern zum nützlichen Idioten. Manchmal klappt es sogar.

Stimmung, meine Herren! Der Gütetermin mit – nein gegen – Wiener beim Arbeitsgericht war doch ein Fest! Oder?

Ich verstehe davon nichts. Aber wenn Sie das sagen...

Kollege Schnackbacke, er hat sich mit seinem Anwalt triumphierend hingestellt und versucht, unsere Kündigungsgründe madig zu machen. Sein Rechtsverdreher hat von Vereinbarungen gefaselt. Da hat unsere Anwältin dem Gericht ganz cool erklärt, daß die Klage abgewiesen werden muß, weil wir nicht mehr als fünf Arbeitnehmer haben! Hahahaha... Reingefallen!

Der Wiener hat ganz schön dumm aus der Wäsche geguckt, als er gehört hat, daß er sich den Kündigungsschutz sonst wo hinstecken kann... Hahahahaha...

Ich hoffe, wir kommen damit durch, daß wir die zwei Schnepfen von der HAU RUCK GmbH an die Flip GmbH ausgeliehen haben. Aber was meinen Sie, wie der sich ärgert, daß wir ihn bis zu seinem letzten Tag mit der Buchhaltung eindecken, das faule Schwein.

Der soll was tun für sein Geld...

Was heißt hier "sein Geld"? Unser Geld! Hahahaha...

Apropos Geld, Kollege Looser. Dem Steuerberater Engels ist aufgefallen, daß Sie ziemlich viele HAU RUCK-Rechnungen mit ungedeckten Schecks von Ihrer Flop-GmbH bezahlen! Wir waren uns doch einig, daß wir die Flip GmbH ausplündern wollen und nicht unsere HAU RUCK GmbH. Oder?...

Ja, jaaa. Ich dachte, damit kann ich den Wiener beim Buchen ärgern...

Ich fürchte, das ist nach hinten losgegangen.

Auf welcher Seite steht der Engels denn?

Natürlich auf unserer. Muß er schon. Er kennt doch alle unsere Ferkeleien. Wenn wir damit auffliegen sollten, mache ich doch den Gabelmann, daß wir immer nur seinem Rat gefolgt sind... Hahahaha...

Eine geballte Ladung Führungskompetenz beim "brain storming"...

30. August
Schnackbacke, gehen Sie mal rüber zur Firma Flop. Unterhalten Sie sich dort mit unserem Kollegen Looser. Ich muß hier noch die Unterlagen von der Ausschußsitzung durchsehen. Morgen fahre ich nach Berlin...
Worüber soll ich mich denn mit ihm unterhalten?
Denken Sie sich was Nettes aus...
Wollen Sie gar nicht wissen, daß ich die Becker mit ihrem Kerl am Wochenende auf dem Rummel gesehen habe?
Doch, erzählen Sie!
Also sowas Primitives habe ich noch nicht gesehen. Lange Haare, ungewaschen, unter dem einen Arm die Becker, unter dem anderen einen Schießbuden-Teddy. Zu meiner Zeit hätte man sowas ins Arbeitslager...
Kriegen wir alles wieder, mein Lieber!
...Und haben Sie gesehen, was die heute für Ringe unter den Augen hat? Das sagt doch schon alles.
Die braucht wieder die ganze Woche, um sich von dem heißen Wochenende auf unsere Kosten zu erholen! –
Ach, du lieber Gott!
Was ist los?
Der Paulsen kommt schon wieder auf den Hof gefahren...
Was will der denn schon wieder?
Gehen Sie schon mal rüber zu Looser. Ich fertige ihn ganz kurz ab. –
Guten Morgen, lieber Herr Petzer! Ich habe hier wieder – wie jedes Jahr – die Bescheinigung vorbereitet, die ich bei meiner Dienststelle zur Erstattung einreiche...
Aber immer, lieber Paulsen! Welche Leistungen hat die HAU RUCK GmbH denn dieses Jahr geliefert? Alle Achtung! Für 84.000 Mark! Hahahaha... Das unterschreibe ich doch glatt! Eine Hand wäscht die andere...
Danke! Bis zum nächsten Mal. Wiedersehen, Herr Petzer.

Ihnen entgeht nichts. Sie haben zwar nicht alles im Griff, dafür alles im Auge, was sie in ihrer Firma sehen wollen. Was sie nicht sehen können, erfinden sie, um sich darüber wärmende Gedanken machen und austauschen zu können.

6. September

Sagen Sie mal, Kollege Looser, müssen wir nicht mal wieder Werbung machen?

Damit sich der Wiener wieder über eine Rechnung in der Buchhaltung ärgern kann? Hahahahaha...

Mindestens das. Aber vielleicht auch, damit ein paar Kunden auf uns reinfallen?

Ach so. An was hatten Sie gedacht?

Ich bring' die Vorlage in die Druckerei!

Welche Vorlage?

Ich dachte...

Die muß ich doch erst an meinem PC stricken...

Ach, Sie können mit Ihrem PC auch stricken?

Wollen wir jetzt ernsthaft arbeiten oder blödeln?

Entschuldigung, ich wollte doch nur...

...erst mal die Medizinflasche holen?

Jawoll, Sir!

Kollege Looser, was halten Sie davon, wenn wir...

...Hahahahaha... Ich verstehe schon: Mit "wir" meinen Sie mich!

Sie merken auch alles. Lassen Sie sich erst mal einen einhelfen. Hahahahaha...

Hier kommen die Herztropfen. Ich habe auch gleich die Post mitgebracht.

Zeigen Sie mal her – aha, an Werbeleiter Wiener – das ist wohl für Sie – und an EDV-Leiter Wiener – das können Sie auch gleich nehmen, Kollege Looser! Hahaha...

Selber schuld! Hahahaha...

Waaaas? Was ist das denn?

Was denn?

Freitag ist schon wieder Termin beim Arbeitsgericht mit der Ratte!

Da komme ich mit!

Auf den Schreck müssen wir unsere Herztropfen nehmen!

Die Postbesprechungen eignen sich immer wieder als günstige Gelegenheit, sich über verdächtige Vorgänge zu informieren und unliebsame Vorgänge gleich in die richtigen Bahnen zu lenken. Unliebsame Nachrichten lassen sich zu dritt auch mit bewährten Gegenmitteln leichter ertragen...

13. September

Ist das nicht eine Riesensauerei?

Was ist denn passiert?

Unsere Anwältin hat mir am Freitag noch das Teilurteil durchtelefoniert: Das Arschloch hat die erste Runde gewonnen... Wir gehen selbstredend in die Berufung!

Das gibt's doch gar nicht!

Was haben...

Sie waren doch dabei, Looser! Die war doch schon beim Termin auf dem Rückzugsgefecht, von wegen wir hätten sie falsch, halb oder nicht richtig informiert! Solche Anwälte kann ich nicht brauchen. Ich hab sie gefeuert.

Bravooo! Mit uns doch nicht!

Brauchen wir jetzt nicht einen neuen Anwalt? –

Hat es nicht gerade geklopft?

Hier ist der Gerichtsvollzieher...

– – –

Wir haben jetzt keine Zeit...

Ihre Konten und die Forderung aus dem nicht eingezahlten Stammkapital sind hiermit gepfändet. Damit wird das Teilurteil in der Sache Wiener gegen die HAU RUCK GmbH vorläufig vollstreckt!

Ääääh... *Ääääh...* Ääääh...

– – –

Ich ruf' gleich den Engels an. –
Petzer hier – na, wie geht's? – wenn's der Sache nützt!
– nein, der Scheißkerl hat unseren Laden lahmgelegt –
er hat den Gerichtsvollzieher... – nein, geht nicht, die Anwältin habe ich in die Wüste... – in Ordnung – Wiederhören –
Engels kümmert sich darum und meldet sich gleich wieder...

Müssen wir dem Scheißkerl nicht Hausverbot...?

Sonst noch was! Der wartet doch nur darauf! Den decken wir bis zum letzten Tag mit der Buchhaltung ein!

Der Gerichtsvollzieher verdirbt den ganzen Tag! Wie gut, daß die drei sich davon nicht beirren lassen und sich unverzüglich geeignete Rachemaßnahmen ausdenken.

20. September

Das haben wir ja noch mal mit einem blauen Auge hingekriegt...

Was denn?

Hat der Kerl die Pfändung zurückgenommen?

Engels hat mit seinem Rechtsverdreher telefoniert und gedroht, ich würde dann einfach Konkurs anmelden...

Dann hätte er die ganze Firma auf dem Gewissen!

So einfach? Er hat die Pfändung einfach wieder zurückgenommen? Hat wohl eingesehen, daß er schlechte Karten hat! Hahahahaha...

Ne, ne. Ich mußte schon eine Bankbürgschaft hinterlegen!

Die kostet doch ein Schweinegeld!

Wem sagen Sie das, Kollege Looser! So viel hab' ich auch nicht in der Hosentasche. Da macht es sich bezahlt, daß ich ein paar Geschäfte über Andorra abgewickelt habe, von denen das Finanzamt nichts zu wissen braucht... Hahahaha... Und, meine Herren, das bleibt unter uns: Der Engels weiß davon natürlich auch nichts! Hahahaha...

Das erzeugt nur Neid! Hahahaha...

Im Vertrauen: Die Kosten für die Bankbürgschaft habe ich mir schon wiedergeholt...

Wie denn? Der Trick interessiert mich!

Na, ganz einfach. Ich hab' ein paar Schecks an Phantom-Geschäftspartner ausgestellt als Provisionszahlungen für gute Zusammenarbeit. Da habe ich immer gute Ideen... Hahahaha...

Man muß ja schließlich sehen, wo man bleibt. Hahahaha...

Schnackbacke, wo bleibt der Sekt?

Wird sofort serviert, Großer Meister!

Und sehen Sie gleich mal nach unserem Buchhalter!

Hahahahaha...

Selbst Gerichtsvollzieherbesuche beflügeln Petzer zu ungebremster Raffgier: Seiner Brieftasche drohender Magersucht begegnet er mal wieder mit perfekten Scheingeschäften. Das imponiert seinen staunenden Komplizen ganz enorm.

<u>27. September</u>

Uns bleibt ja wohl nichts erspart, meine Herren!

Schon wieder eine Hiobsbotschaft?

Schon wieder der Wiener?

Nein, wir sind vom Arbeitsgericht verurteilt worden, der Becker die zu wenig gezahlte Ausbildungsvergütung nachzuzahlen. Ist doch alles Kasperkram...

Die Quittung kriegt sie ja, wenn sie bei der Prüfung durchfällt... Hahahahaha...

Und ich zahle das auch nur, wenn abzusehen ist, daß sie auch den Gerichtsvollzieher schickt! Das ist reine Nervensache! Hahahahaha...

Zu meiner Zeit hätte man so eine einfach übers Knie gelegt!

Schnackbacke, das geht doch nicht! Die gehen doch heutzutage gleich zur Gewerkschaft und zeigen Sie an wegen sexueller Belästigung...

Sexuelle Belästigung, sagen Sie? Die versuchen doch selber, es darauf anzulegen. Die Laufen mit Miniröcken rum, die kaum ihren Arsch bedecken. Die wollen doch nur das eine! Wer belästigt denn hier wen? Und überhaupt...

Hahahaha... Kollege Schnackbacke, haben Sie da ein Problem?

Ich doch nicht!

Naaa? Sie Schwerenöter! Hahahaha... Ich habe Sie doch neulich gesehen, wie Sie der Friedrich im Vorbeigehen einen Klaps...

Naja. Die Friedrich würde ich natürlich nicht von der Bettkante stoßen... Hahahaha...

Kommen Sie, wir gehen mal rüber zum Türken und trinken zur Feier des Tages einen! Hahahaha...

Das ist mal wieder die beste Idee des Tages! Hahahaha...

Und wer paßt auf die Kellerassel auf?

Der kriegt doch gar nicht mit, daß wir weg sind!

Den lenkt die Friedrich ab. Gönn' ich ihm aber nicht!

In ihrer eigenen Firma sehen sich die gestandenen Helden immer wieder sexueller Belästigung durch weibliche Angestellte ausgesetzt.

4. Oktober

Haben Sie einen schönen Feiertag gehabt?

Was für einen Feiertag?

Unseren neuen Tag der deutschen Einheit!

Ach?

Na dann war das gar kein Versehen, daß Sie den Feiertag in Ihrem letzten Werbeblatt auf den 3. November gelegt haben?

Ääääh... Hihihi...

Wird zur Geheimsache erklärt, Kollege Looser! Streng geheim!

Nein, ich glaube, da habe ich nach einer alten Vorlage von der Kellerassel gearbeitet...

Na, na, na! Das ist doch nicht so schlimm! Kann doch jedem passieren, wir sind doch alle im Streß!

Kann man den Fehler in dem Werbeblatt nicht dem Wiener anhängen? Hahahaha...

Am liebsten schon! Ich finde es aber besser, wir strafen ihn weiter mit Nichtachtung. Was soll's?!...

Es kommt allerdings wieder neuer Ärger auf uns zu, meine Herren!

Schon wieder?

Von der Kellerassel?

Nein, dieses Mal nicht. Der Engels hat uns wieder einmal daran erinnert, daß wir etwas gegen die Überschuldung der HAU RUCK GmbH tun müssen. Wir müßten auch dringend eine Gesellschafterversammlung einberufen, damit uns die Gesellschafter nicht haftbar machen...

Wofür haftbar machen?

Aber es wird doch sowieso alles nicht so heiß gegessen, wie es gekocht wird...

Hahahahaha... Sie haben recht, Kollege Looser! Die wollen sowieso alle nur abkochen... Hahahaha...

Trinken wir lieber einen, falls noch einer da ist...

Die kleinen Freuden des Alltags bereiten den drei bescheidenen Freunden größtes Vergnügen. Kleine kalendarische Irrtümer ebenso wie die vernachlässigte Kapitaldecke der Gesellschaft. Lachen ist gesund.

<u>11. Oktober</u>

Wir haben doch noch jede Menge bedrucktes Papier im Keller liegen, das der Wiener produziert hat, bevor Sie die Werbeabteilung übernommen haben, Herr Kollege Looser...

Ääääh, weiß ich jetzt gar nicht...

Da kenne ich mich nicht aus...

Macht doch nichts. Bevor das vergammelt oder wir es dem Altpapierhöker geben, sollten wir eine Versandaktion machen.

Ist denn das noch aktuell, was auf diesen Faltblättern steht?

Ist doch egal. Bevor wir da neue drucken... Ich kann ja nichts dafür, daß der Kerl so viel produziert hat.

Haben Sie mal so ein Blatt hier?

Kollege Schnackbacke, sind Sie mal so nett?

Was denn?

Können Sie für Herrn Looser mal so ein Faltblatt aus dem Keller holen?

Jawoll, Sir!

Was macht Ihr flüchtiger Geldgeber, Kollege Looser?

Weiß ich nicht... Hahahaha... Warum fragen Sie?

Ich meine nur mal so, weil wir doch dringend einen finanzkräftigen Gesellschafter zur Sanierung unserer Firma suchen.

Haben Engels oder Paulsen wieder genörgelt?

Ja, ständig liegen die mir in den Ohren... Ah, da kommt ja Kollege Schnackbacke mit dem Blättchen...

Tut mir leid, ich konnte nichts finden!

Na, dann sehen wir selbst nach. Kommen Sie gleich mit, Herr Looser?

– – –

Hier ist es doch! Schnackbacke konnte mal wieder nicht richtig gucken...

Da steht doch aber Ausgabe 10 vom letzten Jahr!

Na und? Was Neues machen, ist viel zu teuer! Dafür gehen wir lieber in ein gepflegtes Freßlokal...

Abenteuerliche Ideen, auf in der Vergangenheit bewährte Werbebotschaften zurückzugreifen, zeichnen die nimmermüden Macher genauso aus wie der damit verbundene Sparwille.

18. Oktober

Guten Morgen, meine Herren, ich bin gar nicht mehr da. Ich muß gleich wieder weg!

Soll ich Sie wohin fahren, Herr Petzer?

Nein Danke, lieber Schnackbacke! Ich nehme den Willen für die Tat. Aber diese Verabredung ist ganz privat.

Ich verstehe schon! Und Ihrer Frau sollen wir auch nichts davon...

Sind Sie des Teufels... Hahahahaha...

Und was sollen wir in der Zwischenzeit tun?

Trinken Sie einen... Nein, ich hab' 'ne Idee: Unser Personal ist doch nicht ausgelastet. Lassen Sie die Faltblätter aus dem Keller zum Versand eintüten.

Und wo sind die Adressenaufkleber?

Ich muß los... Tschüß!

An wen sollen die Blätter denn verschickt werden?

Ich dachte, das hätte er Ihnen gesagt!

Nein, mir sagt ja keiner was...

Dann gehe ich erst mal wieder rüber in mein Büro bei der Firma Flop. Sie können ja die Kellerassel beaufsichtigen, damit der auch was tut... Hahahahaha... Und vor allem, daß sich niemand mit ihm unterhält!

Nee, dann gehe ich auch. Was soll ich hier? Ich weiß ja nicht mal, wann der Große Meister wieder kommt. Und wenn ich hier alleine bleibe, kommt womöglich der Paulsen und fragt mich aus...

Wie Sie meinen, Kollege Schnackbacke. Tschüß.

Herr Kollege Looser, warten Sie! Da kommt die Post. Sollen wir nicht die Sachen rausfischen, die an den Wiener adressiert sind?

Ja, ich nehme die ganze Post zu mir rüber...

OK. Dann bis Morgen, Kollege Looser.

Bis Morgen, Kollege Schnackbacke!

Als eingespieltes Team sind sie so sehr auf einander ange-
wiesen, daß keiner ohne die beiden anderen etwas Sinn-
volles zustande bringt. Sie demonstrieren damit eine nach-
ahmenswerte Solidarität...

<u>25. Oktober</u>

Engels hat uns einen neuen Anwalt besorgt, der die Berufung gegen die Kellerassel erledigt.

Das finde ich gut...

Der kostet uns zwar eine Stange Geld, weil der ja zum Termin hierher anreisen muß, aber bei uns geht das auf das Kostenkonto der Firma, der Wiener muß seinen Rechtsverdreher selbst bezahlen. Hahahahaha...

Hahahahaha*Hahahahaha...*

Er hat uns auf jeden Fall erst mal Luft verschafft. Termin vor dem Landesarbeitsgericht ist erst nächstes Jahr. Und Engels hat auch noch ein paar gute Ideen. Er schreibt in den Jahresabschluß rein, daß der Wiener unsere Buchhaltung völlig durcheinander gebracht hat, und daß die HAU RUCK GmbH nur dann wieder in die Gewinnzone kommen kann, wenn der Kerl hier weg ist. Und daß er schon länger dazu geraten hätte, die Kosten für einen derart unfähigen Mitarbeiter zu sparen.

Und warum macht er dann immer noch die Buchhaltung?

Hahahahaha... Was soll er denn sonst machen?

Ist auch wieder wahr! Hahahahaha...

Sie haben doch zum 1. Januar die neue Buchhalterin einge-stellt, die uns das Arbeitsamt nach Ihrem Anruf geschickt hat, Kollege Petzer?

Da haben wir einen Fehler gemacht. Möglicherweise macht der Wiener beim Arbeitsgericht damit Punkte. Sagt Engels...

Wieso das denn?...

Wir hätten dem Wiener den Posten offiziell durch eine Änderungskündigung anbieten müssen. Aber keine Sor-ge: Engels wird auch vor Gericht den Gabelmann ma-chen, daß die Buchalterin seine Angestellte ist.

Kennt der Engels die Buchhalterin denn schon?

Nöö! Spielt das 'ne Rolle?

Versteh' ich nicht.

Müssen Sie auch nicht, Kollege Schnackbacke...

Warum soll man denn die Buchhaltung ernst nehmen? Die Buchhaltung ist immer wieder ein Reizthema! Sie reizt die drei Jungs ständig zur Heiterkeit.

1. November
**Seeekt! Schnackbacke, holen Sie mal die Flasche Krim-
sekt! Hahahahaha... Der Tag gelingt!**
Was ist denn los?
Ich mach' mal die Tür zu.
**Die Lange hat gekündigt! Sie kriegt woanders mehr. Das
wird auch so ein Laden sein, der schon längst pleite ist;
die wissen's nur noch nicht... Hahahahaha...**
Und das Weihnachtsgeld sparen wir auch noch! Hahaha...
**So isses! Hahahaha... Die wird sich noch wundern. Die
hatte hier doch ein schönes Leben! Saß im Trocknen,
überarbeitet hat die sich bestimmt nicht. Woanders müs-
sen die ganz anders ran!**
Die wissen doch heutzutage gar nicht, was Arbeit ist!
Meinen Sie, der Wiener hat da wieder dran gedreht?
**Ach was! Der dusseligen Kuh wird schon ihr Beschäler
eingeredet haben, daß sie mehr Geld nachhause brin-
gen muß... Hahahahaha...**
*Sind Sie sicher? Ich hab sie vor ein paar Tagen aber über-
rascht, wie sie dem Wiener irgendwas zugetuschelt hat.*
**Das müssen Sie im Auge behalten. Die will ja schließlich
ein Zeugnis haben! Hahahahaha...**
HahahahahaHahahahaha...
Ich werde das mal gleich dem Engels erzählen...
**– – – ...nimmt keiner ab... Ach, bei denen ist ja heute Fei-
ertag... Na, dann rufe ich ihn gleich morgen an...**
Jetzt trinken wir erstmal ein Gläschen!
Oh! Haben wir neue Gläser?
**Ja. Ach, habe ich Ihnen noch gar nicht erzählt. Die sind
letzte Woche gekommen. Dem Anschreiben nach hat die
wohl der Blödmann Wiener bei einem Preisausschrei-
ben gewonnen... Hahahahaha...**
Dann stehen die uns ja sowieso zu! Hahahahaha...
Prost, Gemeinde! Hahahahahaha...

Und wieder gibt es was zu feiern: Eine Mitarbeiterin kann von der Gehaltsliste gestrichen werden. Sie hat gekündigt!

8. November

Sagen Sie mal, lieber Herr Kollege Looser...

Wenn Sie so anfangen, wollen Sie doch sicher wieder was Spezielles von mir? Hahahaha...

Sie durchschauen mich. – Sie sind doch unser EDV-Spezialist. Ich bin einem Parteifreund noch etwas schuldig. Und ich habe ihm erzählt, daß Sie – Moment, hier habe ich den Zettel – die Software haben, die er braucht.

Ich habe aber keine Handbücher dazu, weil die Programme aus der Firma, wo meine Frau arbeitet, stammen...

Das weiß ich doch, mein Lieber! Wir müssen doch alle sparen! Warum soll so ein Programm zweimal bezahlt werden? Hahahaha...

Kein Problem. Welche Programme soll ich kopieren?

Hier habe ich alles aufgeschrieben. Hoffentlich können Sie meine Handschrift lesen! – Dank, Dank, Dank!

Keine Ursache. Ich tue Ihnen den Gefallen doch gerne!

Na, Kollege Schnackbacke? Sagen Sie doch auch mal was! Hahahaha...

Der Kaffee ist schon wieder alle!

Na und? Lassen Sie sich was aus der Kasse geben und besorgen Sie welchen. Bringen Sie dann auch gleich eine neue Flasche Korn mit!

Damit wir nicht aus der Übung kommen...

Ich kann aber heute leider keinen mittrinken. Ich muß heute noch mit dem Wagen zu einem Kunden...

Seien Sie doch nicht so pingelig! Ich kann die Flasche doch nicht mit Herrn Schnackbacke alleine trinken. Wir müssen auch noch mit dem Wagen weg! Hahahahaha...

OK. Ich darf Sie ja nicht im Stich lassen... Hahahaha...

Dann gehe ich jetzt los!

Ja, machen Sie! Wir haben nicht den ganzen Tag Zeit!

Also, bis gleich!

Jaaaha!

Er ist heute etwas umständlich. Oder?

Mit bestechender Logik löst man hier Softwareprobleme
guter Freunde...

15. November

Hier. Wie finden Sie das? Daran habe ich fast die ganze letzte Woche gearbeitet...

Lassen Sie mal sehen!

Was ist denn das?

Der Einleitungstext für unseren Katalog. Ich habe mir gedacht...

Oh, Sie waren ja richtig kreativ, Kollege Looser! Ich lese mal vor: "VOR IHNEN LIEGT UNSER NEUESTES PROSPEKT MIT VIELEN ANGEBOTEN DIE WIR GANZ SPEZIELL FÜR SIE ZUSAMMENGESTELLT HABEN. DIE PREISE DIE WIR IM ANGEBOT HABEN HABEN WIR SO ZUSAMMENGESTELLT DASS WIR IHNEN DIE GEWÜNSCHTEN PREISAUSKÜNFTE GERNE GEBEN. WIR WOLLEN IHR SPEZIALIST UND PARTNER FÜR ALLE IHRE WÜNSCHE SEIN. WIR HABEN VIELES FÜR SIE IM ANGEBOT...". Hervorragend, Kollege Looser! Aber sagen Sie, warum schreiben Sie alles in Großbuchstaben? Und mit den fehlenden Satzzeichen wollten Sie mich wohl wieder testen?

Ich finde es sehr werbewirksam für unsere Angebote, wenn alles groß geschrieben ist...

...und man vermeidet Fehler bei der Groß- und Kleinschreibung! Hahahaha... Sie sind ja ein Schelm!

Immer auf dieselbe Stelle!

Ich finde den Text sehr gut! Ich würde bei uns sofort Kunde werden.

Vielen Dank, Kollege Schnackbacke! Die Stimme aus dem Volk gibt mir recht...

Das, was der Wiener die ganzen Jahre geschrieben hat, kann man doch vergessen!

Sagen Sie mal ein Beispiel!

Äääh – Weiß ich jetzt auch nicht mehr so genau...

Er hat doch gesagt, daß man das vergessen kann! Hahaha.

Hahahahaha... Ich sehe schon, Sie sind heute wieder gut drauf!

Ist doch wahr!

Auf solche werbewirksamen Geniestreiche hat die Welt gewartet. Endlich hat Petzer einen vom Büroboten zum Werbebotschafter mutierten Fachmann gefunden, der alle aufhorchen läßt! Nur nicht die Kunden. Sie würden sowieso nur stören. Sie wollen sich schließlich nicht drohen lassen. Und Kunden drohen im allgemeinen mit Umsatz...

Bevor ich es vergesse: Weihnachten steht vor der Tür und...

Das wußten wir aber auch so, Großer Meister! Hahahaha...

Ja, und das ist immer wieder eine teuere Angelegenheit!

Sie nehmen mir das Wort aus dem Mund! Ich habe mal wieder einen Scheck an einen Wohltäter unserer Firma ausgestellt, als Spesen für eine Promotion...

Was ist das denn?

Werbung, Kollege Schnackbacke, Werbung.

Ach so, da versteh ich nix von. Hahahahaha...

Das waren übrigens 5.000 Mark...

Und was hat der dafür getan?

Aber Kollege Schnackbacke, den gibt es doch gar nicht! Ich brauchte Geld. Warum sollte ich für meine notwendigen Extraausgaben versteuertes Geld nehmen? Das wäre doch nicht nur zu teuer, sondern auch dumm!

Ach soooo! Ich verstehe... Hahahahaha... Sie verstehen Ihr Geschäft!

Und wie verbucht das der Wiener?

Als Kosten. Als was sonst? Hahahaha...

Dann könnte ich vielleicht auch...?

Lassen Sie sich was einfallen, Kollege Looser! Im Moment geht es allerdings nicht. Wegen der Liquidität, Sie wissen schon!

In Ordnung. Dann warte ich eben noch ein bißchen.

Da kann ich ja direkt noch was lernen von Ihnen, meine Herren! Ich bin aber auch nicht schlecht, wenn ich an meine Aktiengewinne denke, die ich immer vergesse bei der Steuer anzugeben.

Ach? Erzählen Sie mal! Hahahaha...

Gegen Sie beide bin ich doch ein Waisenknabe!

Man soll eben immer sehen, wo man bleibt! hahahaha...

Ich sehe, wir sind uns einig! Hahahaha...

Steuerfreie Griffe in die Kasse sind nun mal mit unternehmerischen Privilegien verbunden. Damit kennen sich die auf-
geweckten Kerle bestens aus!

29. November

Meine Herren, heute hat der Wiener seinen letzten Tag hier, weil er noch Urlaubsanspruch hat.

Urlaubsanspruch? Der Kerl hat doch hier sowieso nur Urlaub gemacht!

Jaaa, damit müssen wir nun leben. Aber legen Sie Wert darauf, ihm Aufwiedersehen zu sagen?

Sehen wir so aus? Hahahahaha...

Dann laßt uns doch schnell verschwinden!

Gute Idee! Wohin denn?

Egal!

Haben Sie ihm eigentlich ein Zeugnis geschrieben?

Sie?

Nee! Hahahahaha...

Ich auch nicht! Hahahahaha...

Soll er es doch einklagen! Hahahahaha... – Kommen Sie! Wir machen, daß wir weg kommen!

Wann hat denn die Lange ihren letzten Tag?

Müßte ich erst nachgucken. Kommen Sie!

– – –

Übrigens, bevor Sie sich unnötig aufregen, Kollege Looser: Falls Sie den neuen PC neben der Kasse vermissen, den hat nicht die Kellerassel verschwinden lassen. Den habe ich mit nach Hause genommen. Mein Sohn braucht den. Bei unseren Umsatzrückgängen genügen hier ja wohl die alten Computer...

– – –

Das ist aber heute eine kurze Montagssitzung! – – – Pppfrzzzz...

Hat Ihnen Ihre Frau zuviel Bohnen serviert, Schnackbacke?

Ja. Tut mir leid. Riecht man das?

Die Sensibelchen bevorzugen die Flucht vor dem möglichen "Abschiedsschmerz".

<u>6. Dezember</u>

Ist das nicht schön?

Was denn?

Wir können uns in unserer Firma endlich wieder frei bewegen! Keine Gefahr, der Ratte über den Weg zu laufen... Hahahaha...

Und wir können uns wieder auf unsere Führungsaufgaben konzentrieren! – Ich habe Ihnen beiden einen kleinen Nikolaus mitgebracht:...

Ach, das hätte aber nicht nötig getan, Kollege Schnackbacke! Vielen Dank!

Wo nehmen Sie immer Ihre guten Ideen her?

Verarschen kann ich mich alleine, Kollege Looser!

Warum zanken Sie sich eigentlich?

Was sich liebt, das neckt sich... Hahahaha...

Sollen wir die Flaschen nicht gleich köpfen? Wir brauchen doch genügend Treibstoff für unseren 16-Stunden-Tag... Hahahahaha...

Das Telefon klingelt...

Ich hab's gehört... Ja! – Wer? – Was? – Fragen Sie, was er will! – Schreiben Sie das auf einen Zettel! – Das ist doch wohl nicht zu viel verlangt! –

Wer war das denn?

Ach, die Becker wollte mir den Paulsen durchstellen. Die weiß genau, daß ich von allen Anrufen erst einen Zettel auf den Tisch haben will...

So ein unverfrorenes Früchtchen!

Wo waren wir stehen geblieben?

Beim Treibstoff...

Ach, da fällt mir ein, ich habe einen Packen Tankquittungen dabei. Die wollte ich mir aus der Kasse wiederholen.

Da müssen Sie sich aber beeilen, Herr Kollege, ich habe ein paar Freßbelege mit...

Und ich? Hahahahaha...

Die Telefongespräche, die die verbliebenen Angestellten durchzustellen versuchen, stören empfindlich den Betriebsfrieden!

13. Dezember

Engels hat uns hier ein Fax geschickt: "...und habe ich für Sie blablabla...", ja hier kommt's: "...sollten wir bis zum Jahresabschluß das Stammkapital in Ordnung bringen..." und, und, und...

Ich kann es bald nicht mehr hören...

Ich auch nicht, lieber Looser. Aber wir brauchen den Engels mindestens solange, bis unser Prozeß gegen den Wiener abgeschlossen ist...

Wissen Sie was, Herr Petzer? Ich verkaufe meine Anteile einfach!

Hahahahaha... Aber Sie können doch keine Anteile verkaufen, die Sie gar nicht bezahlt haben!

Warum das denn nicht? Was meinen Sie, wie mein ehemaliger Geldgeber zu seinem Vermögen gekommen ist?

Hahahahaha... Wie soll das denn funktionieren?

Sie waren doch zusammen mit mir beim Notar...

Ja?

Ja. Und da haben wir beide versichert, das Stammkapital ist vollständig erbracht, und mein Anteil beträgt soundso viel. Das ist notariell beurkundet...

Sie sind mir ja ein Schlitzohr!

Finden Sie? Hahahahahaha...

Und an wen haben Sie gedacht? Wer soll Ihren Anteil kaufen?

Na, die übrigen Gesellschafter! Und ich habe da noch einen Bekannten, der ist sicher auch bereit, einen kleinen Anteil an der HAU RUCK GmbH zu übernehmen...

Schön und gut! Aber damit haben erst mal Sie das Geld, und das Stammkapitalkonto ist immer noch nicht ausgeglichen!

Das nicht. Aber dann werde ich nicht ständig genervt, meinen Anteil zahlen zu sollen.

Ja, dann müssen die anderen zahlen! Oder?

Looser versucht, die üblen Tricks seines ehemaligen Chefs bei der Lösung der Stammkapitallücke zu wiederholen. Wird er Dumme finden, die er über's Ohr hauen kann?

20. Dezember

Die Mitarbeiter fragen, wie lange am Heiligen Abend gearbeitet wird.

Das ist ein ganz normaler Arbeitstag. Ich verstehe die Frage nicht. Wer fragt denn so einen Blödsinn?

Die Schröder.

Na, die hat es gerade nötig. Macht nur Fehler und...

Ach, das würde ich jetzt vor Weihnachten nicht so streng sehen. Ich habe bei der Flop GmbH den Leuten gesagt, daß wir mittags Schluß machen...

Und bei der Flip GmbH?

Hab' ich Ihnen doch erzählt, die hab' ich dicht gemacht. Da melde ich in der ersten Januarwoche Konkurs an!

Ach ja, hahahahahaha...

Was ist denn daran so lustig? Habe ich was verpaßt?

Schnackbacke, wir sind damit auf einen Schlag unsere Verbindlichkeiten los!

Bin ich jetzt blöde? Ich verstehe immer noch nicht, was an einem Konkurs gut sein soll...

Die Forderungen hat alle die Flop GmbH übernommen!

Hahahahahaha...

Also das ist es, was man einen "gesunden Bankrott" nennt?

Sie haben es erfaßt, Kollege Schnackbacke!

Hahahahahaha...

Und da kommt man nicht mit irgendwelchen Gesetzen in Konflikt?

Nicht, wenn man es geschickt anstellt. Wir drei Pastorentöchter sind doch nicht von gestern! Hahahahaha...

Und wozu haben wir teuer bezahlte Steuerberater? Hahahahaha...

Na, dann bin ich ja beruhigt. Ich will nämlich nicht unnötig ins Gerede kommen.

Meinen Sie, ich? Hahahahaha...

Hahahahahaha...

"Rosi" Schnackbacke lernt, was ein "gesunder Bankrott" ist.

27. Dezember

Meine Herren, heute ist unsere letzte Vorstandssitzung in diesem Jahr...

Wie schnell die Zeit vergeht!

Wie war denn Ihr Fest?

Vergessen Sie's! Drei Tage Familie – das kann ganz schön hart sein!

Wir waren bei meiner Tochter und meinem Schwiegersohn eingeladen...

So was habe ich noch nicht! Hahahahaha...

Seien wir also froh, daß wir den Rummel hinter uns haben, und lassen Sie uns das erfolgreich überstandene Jahr begießen!

Dafür steht die ganze Kiste hier? Da haben Sie sich aber ins Zeug gelegt, Herr Petzer!

Das haben mir unsere guten Geschäftspartner geliefert. Die übrigen Kisten stehen bei mir zu Hause. – Schenken Sie schon mal aus, Kollege Schnackbacke!

– – –

Prost!

Auf uns!

Wohlsein!

– – –

Noch 'ne Runde...!

– – –

Der Teufel soll sie alle holen...!

Ge-en-nau...!

Rü-üchlllpss...!

– – –

Und n-noch n-ne Ru-un-nde...!

E-exsss...!

L-l-l-oll-ll i-i-ch n-n-noch m-m-mal n-n-nach-k-k-kipp-ppen?

F-f-frag n-nich s-s-so bl-bl-l-löd...!

K-k-kip-p-pp ei-ei-einf-f-ach na-a-ach Schnabbelbabbel...!

Ein erfolgreiches Geschäftsjahr fällt ins Koma....

**Auch das neue Jahr steht bei unseren drei Gemüts-
athleten unter dem Motto:**

ES GIBT VIEL ZU SAUFEN –
PACKEN WIR'S AN!

Sie sind immer noch der Meinung, daß die einzigen, die
dem Wohlergehen ihrer Firma im Wege stehen, das Personal und die Kunden sind. Deshalb sinnen sie mit ganzer
Kraft (Gefahr erkannt – Gefahr gebannt), wie derartige Stör-
faktoren aus ihrem Wirkungskreis entfernt werden können.

Unbelastet von jeder Einsicht in ökonomische Notwendig-
keiten, betreiben sie die Ausplünderung ihres Unterneh-
mens immer weiter. Weshalb auch liebgewonnene Gewohn-
heiten ohne Not über Bord werfen? Es gibt doch Scharen
von Vorbildern in viel größeren Chefetagen, deren wirtschaftliche Sorgen sich ebenso auf die eigene Bereicherung be-
schränken. Und das deshalb in der Regel ohne Konsequenzen, weil ein Staat, der zur wirtschaftlichen Weltmacht ge-
zählt wird, wenig Interesse hat, Wirtschaftskriminalität ernsthaft zu verfolgen.

Günther Petzer hat es hier besonders weit gebracht, sich
auf Kosten anderer schamlos zu bereichern. Er genehmig-
te sich zunächst ein Monatsgehalt in siebenfacher Höhe des
Durchschnittsgehalts seiner Angestellten, welches pro Jahr
regulär 14 Mal fällig war. Seine Urlaubsreisen mit Familie,
die er sich regelmäßig von Geschäftspartnern bezahlen ließ,
deklarierte er als Geschäftsreisen, deren "Spesen" immer
den Weg vom Firmenkonto auf sein Privatkonto fanden.
Und um nicht in den Ruch der Bescheidenheit zu geraten,
vergütete er sich den auf diese Weise nicht genommenen
Urlaub regelmäßig als Überstunden. So kam er im Schnitt
auf mindestens 16 reguläre Gehälter für seinen nicht zu über-
bietenden Arbeitseifer, den er während seiner sporadischen

Anwesenheit in der Firma und insbesondere auf dem politischen Parkett – mit der gewünscheten Öffentlichkeitswirkung – auszutoben pflegte. Daß auch sein Engagement für die Allgemeinheit, wie man politische Ämter gern betitelt, mit unvermeidlichen steuergünstigen Diäten, Funktionärsvergütungen und Sitzungsgeldern ausgestattet war, setzen solche Zeitgenossen natürlich ganz uneigennützig voraus! Daß Petzer es als selbstverständlich ansah, daß der Steuerbarater Engels seine private Steuererklärung auf Kosten der Firma miterledigte, sind in diesem Zusammenhang lediglich "Peanuts".

Uwe Loosers Masche ist angesichts mangelnden Strafverfolgungsinteresses auch nicht schlecht. Er steht noch am Anfang seiner Karriere, wenn er sich an Firmen beteiligt, die entweder vergeblich auf seine Stammeinlage warten, oder wenn er am Geschäftsleben mit ungedeckten Schecks mitwirkt. Daß er sich jedesmal wie ein Kind über die erfolgreiche Plazierung eines Schüttelschecks freuen kann, möchte man fast seiner unbedarften Naivität zuschreiben. Seine Dummenjungenmentalität dient jedoch nur dem Zweck, seine Opfer verblüffen und Zeit gewinnen zu können.

Ein regelrechter Geniestreich in halbseidenen Geschäften ist ihm mit dem Verkauf von Geschäftsanteilen gelungen, die er weder durch Geldleistung erworben hatte noch bezahlen wollte. Das Geheimnis, wie er bei der Übernahme der Anteile dem Notar die Rechtmäßigkeit nachgewiesen hat, kennen sicher nur Petzer und er. Er drehte den übrigen Gesellschaftern der HAU RUCK GmbH sowie einem weiteren Dummen, den er aus seiner Bürobotenzeit kannte, seine Anteile gewinnbringend an! Er schaffte es, daß er trotz dieses Verkaufs weiterhin nicht nur Geschäftsführer der HAU RUCK GmbH, sondern auch weiterhin Gesellschafter blieb.

Vergleichsweise harmlos erscheint in diesem Dreigestirn der Frührentner "Rosi" Schnackbacke, der die Allgemeinheit

"nur" dadurch betrog, daß er illegal neben seiner Erwerbs-
unfähigkeitsrente eine heiße Mark machen wollte, von der
weder die Rentenkasse noch der Fiskus etwas erfahren
durften.

Petzer und Looser erleichterten ihm dieses "Kavaliersdelikt"
dadurch, daß sein Arbeitseinsatz auf geselliges Beisammen-
sein bei Taschenbillard und Leberspülung beschränkt war.
Seine Fähigkeiten, als "Mann aus dem Volk" gezielte Ge-
rüchte zu streuen, Mitarbeiter in der Rolle des vertrauens-
würdigen "Großvaters" auszuhorchen sowie hin und wieder wichtige "Geschäftspartner" (z.B. höherrangige Politi-
ker oder Polizeibeamte des höheren Dienstes) zu chauffie-
ren, machten ihn für die Firma unverzichtbar.

Daß es den drei Tagedieben doch noch gelungen ist, ihre
Firma – bzw. Firmen – in den Ruin zu treiben, liegt einfach
daran, daß sie nicht nur zu viele Fehler machten, sondern
auch daran, daß sie irgendwann das Faß zum Überlaufen
bringen mußten. Wenn man Mitarbeiter ständig als lästige
Gehaltsempfänger beschimpft, ihnen vorwirft, das finanziel-
le Debakel der Firma verursacht zu haben, wenn man über
Geschäftspartner in übler Weise öffentlich herzieht, nach-
dem man erfolglos versucht hat, sie über's Ohr zu hauen,
und sich immer wieder Ausreden sucht, weshalb man sich
nicht um die Sanierung seiner Firma kümmern kann, entspricht es nur der konsequenten Logik, daß es kracht, wie

es auch bei der HAU RUCK GmbH gekracht hat.

Ob die Gerechtigkeit seinen Lauf nehmen wird, ist abzuwarten. Ob die in Steuerparadiesen deponierten "Gewinne" aus diversen Auslandsgeschäften gefunden werden, ist sehr fraglich. Die drei haben auch hier vorgesorgt:

GüntherPetzer hat beim Konkursverwalter eine Abfindung in Höhe einer Jahresgage als Konkursforderung angemeldet und hat es geschafft, sich den Behörden gegenüber als mittelloser Sozialhilfeempfänger darzustellen, der an einer (allerdings nur in der Öffentlichkeit auftretenden) Schüttellähmung leidet.

Uwe Looser versucht sich dadurch aus der Affäre zu ziehen, indem er gebetsmühlenhaft versichert, er sei ein bedauernswertes Opfer von Intrigen seiner ehemaligen Kumpels. Er sei hereingelegt worden und solle jetzt alles ausbaden. Das hindert ihn allerdings nicht daran, sich bereits wieder als Geschäftsführer einer neuen Firma zu tummeln, in die er seine Erfahrungen auf dem Gebiet der Softwarepiraterie einbringen kann.

Und "Rosi" Schnackbacke schließlich ist Opfer seiner eigenen Willfährigkeit geworden. Er hatte sich mit schwarzem Geld aus dem Handel mit "Inventurdifferenzen" und Provisionen aus Kraftfahrzeuggeschäften an der HAU RUCK GmbH beteiligt, das er von Petzer waschen ließ, jedoch vergessen hatte, sich den Empfang des Schwarzgeldes quittieren zu lassen.

Nachwort

Dieses Buch dreht sich nicht allein um das Schicksal einer Firma. Es ist den unmittelbaren Opfern von Ganoven in Vorstandsetagen für ihr Stammbuch gewidmet. Die Plan-, Ziel- und Kopflosigkeit so mancher Manager hinterläßt eine ausgetretene Spur zu Fehlern, aus denen wir doch endlich lernen sollten! Solche Spuren – regelrechte Schneisen – sind mit zahlreichen Schlaglöchern übersäht. An solchen Löchern bleiben wir hängen, fallen auf die Schnauze und vergessen unsere Pflicht zu ständiger Lernbereitschaft. Wir müssen einfach begreifen: Unser ungehöriger Neidkomplex und unser verwerfliches Anspruchsdenken provozieren un-

seren eigenen Untergang. Gegen Neid und gegen den Anspruch auf Anerkennung unserer Leistung müssen sich – nur dem Erfolg verpflichtete – Wirtschaftslenker nun mal wehren! Sie tun dies im Verborgenen, weil sie sich selbstverständlich keinen Klassenkampf aufnötigen lassen. Und machen wir uns nichts vor! Wie und wo sie sich verbergen, können wir nicht beeinflussen. Es geht uns auch nichts an. Damit sollten wir es endlich gut sein lassen!